DOMINA TU MENTE

CÓMO USAR EL PENSAMIENTO CRÍTICO, EL ESCEPTICISMO Y LA LÓGICA PARA PENSAR CON CLARIDAD Y EVITAR SER MANIPULADO

STEVE ALLEN

STEVE ALLEN

Edición 1.0 – Julio, 2017

Publicado por Steve Allen

ISBN: 978-1973887874

Copyright © 2017 por Steve Allen

Cubierta: Imagen utilizada con licencia Depositphotos™

Descubra otros títulos del autor en www.amazon.com/author/pnl

Todos los derechos reservados, incluyendo los derechos de reproducción total o parcial en cualquier forma.

ÍNDICE

Introducción v
Como está estructurado este libro ix

1. ¿Qué es el pensamiento crítico? 1
   La forma en que pensamos 5
2. El concepto fundamental para dominar tu mente: El egocentrismo 15
   Ejercicio 17
   Busca la imparcialidad 19
3. Falacias comunes: Aprende estos trucos para no ser manipulado 26
   Falacias de relevancia 29
   Falacias de premisas inaceptables 39
   Falacias formales 47
   Siguiente paso 51
4. Cómo analizar argumentos como un genio 52
   Qué es un argumento 53
   ¿Y qué NO es un argumento? 63
   Resumen 67
   Ejercicios 69
   Los 2 tipos de argumentos 71
   Validez y fuerza de los argumentos 75
   Argumentos sólidos y convincentes 83
   Resumen 93
   Ejercicios 95
5. Cómo pensar como un científico 99
   Verificación y refutación 103
   Teorías 105
   Ciencia y pseudociencia 109
6. Conclusión 111
7. Respuestas a los ejercicios 113

Acerca del Autor 119

INTRODUCCIÓN

"La mente es tu propio palacio y puede hacer un infierno del cielo o un cielo del infierno" – John Milton, El paraíso perdido.

Advertencia: No te dejes engañar. Este es un libro práctico enfocado en la acción para el desarrollo de tu inteligencia y tu habilidad de pensamiento crítico para tomar decisiones. No se trata de un relato abstracto sobre el pensamiento y te aseguro que después de su lectura no serás la misma persona que está leyendo estas palabras.

Eres lo que crees. Todo lo que haces, cómo te sientes o lo que quieres, está determinado por tus creencias. A medida que evolucionamos como seres humanos, aprendimos a transmitir información y creencias por medio del lenguaje, y a raíz de esto, muchas de las creencias que tienes en este momento no están basadas en información objetiva ni en experiencias personales, sino en información transmitida por otras personas.

Lo peor que le puedes hacer a tu mente es aceptar información y creencias como verdaderas sin analizar su veracidad. Y es más perjudicial cuando esta información y creencias provienen de personas sofistas. La sofistería es el arte de ganar independientemente de si hay problemas obvios con el pensamiento que se está utilizando. Vemos esto a menudo en los abogados no éticos y en los políticos que se limitan a enfocarse en ganar la discusión y utilizan el emocionalismo y el engaño para convencer y manipular.

Con las herramientas y estrategias de pensamiento crítico que te enseñaré en este libro, aprenderás a no ser engañado por técnicas de argumentación astuta, a ser justo de mente, a trabajar para entender y apreciar los puntos de vista de los demás, a analizar los argumentos con los que no necesariamente estás de acuerdo y a cambiar tus puntos de vistas cuando te enfrentes a un mejor razonamiento.

El mundo ya tiene demasiados pensadores sofistas expertos y estafadores intelectuales que se especializan en retorcer la información y las pruebas para adaptarlas a sus intereses egoístas. Tengo la esperanza de que con la lectura de este libro obtengas las herramientas necesarias para desarrollarte como un pensador altamente cualificado capaz de exponer a los maestros de los juegos intelectuales y la manipulación.

Te ayudaré a mejorar la calidad de tu pensamiento, a tomar mejores decisiones, a desarrollar tu inteligencia y a comprender la forma en que otras personas están influenciando tu propio pensamiento.

Si de una forma u otra este libro llegó a tus manos (o a tu Kindle), es porque llegó el momento de que descubras el poder que tienes en tu vida. Eres capaz de lograr mayores objetivos, puedes ser un mejor tomador de decisiones, puedes volverte menos susceptible a la manipulación, puedes vivir una vida más satisfactoria, más feliz y más segura. La elección es tuya: Puedes cerrar este libro ahora y nada pasará, o puedes seguir leyendo para abrirte a una nueva dimensión de tu propio pensamiento.

Te invito a tomar el control de tu vida y de tu realidad.

COMO ESTÁ ESTRUCTURADO ESTE LIBRO

El contenido de este libro está diseñado para ser una herramienta práctica que puedas implementar inmediatamente en tu vida. Debo reconocer que algunos conceptos pueden parecer un poco abstractos en un primer vistazo, pero ten la confianza de que todo lo que aprenderás tiene aplicación directa en tu vida cotidiana.

En el capítulo 1 aprenderás qué es el pensamiento crítico e identificaremos los principales obstáculos psicológicos para su aplicación.

En el capítulo 2 descubrirás cuál es el principal defecto en nuestro pensamiento que estanca nuestra evolución y poder mental.

En el capítulo 3 aprenderás las falacias lógicas más comunes, cuyo desconocimiento nos vuelve una presa fácil de cualquier táctica de manipulación.

En el capítulo 4 aprenderás un proceso de 4 pasos para analizar cualquier tipo de argumento y determinar si se trata de un buen o mal argumento. De esta forma evitarás adoptar creencias injustificadas.

En el capítulo 5 te enseñaré cómo pensar como un científico y como adoptar el estilo de pensamiento crítico en tu vida cotidiana.

A lo largo del libro encontrarás varios ejemplos y ejercicios con respuestas para afianzar tu conocimiento.

Espero que leas este libro con la mente abierta y que lo disfrutes.

1
¿QUÉ ES EL PENSAMIENTO CRÍTICO?

Para saber cómo analizar, mejorar y usar nuestros pensamientos, necesitamos un método cuya eficacia ya haya sido comprobada. Es por eso que usamos el pensamiento crítico. No te dejes intimidar por el nombre. El pensamiento crítico es la mejor herramienta mental para desarrollar tu pensamiento y es muy fácil de dominar (si cuentas con la guía adecuada).

La habilidad del pensamiento crítico no sólo te hará resistente a la manipulación, sino que te abrirá nuevas perspectivas de la realidad que antes estaban ocultas.

Nota importante: En la vida cotidiana el término "crítico" es visto como sinónimo de algo negativo o destructivo. Sin embargo, ser crítico en el ámbito intelectual no significa cuestionar las cosas al azar, o por el placer de "cuestionar". Ser crítico en el ámbito intelectual significa llegar lo más cerca posible de la verdad mediante el uso de métodos y técnicas desarrolladas con esta finalidad.

Entonces, en términos sencillos, el pensamiento crítico es el proceso de usar el razonamiento para discernir entre lo que es verdad y lo que es falso. Para usarlo necesitamos:

- Conocimiento básico de lógica y falacias lógicas.
- Ser capaces de separar los hechos de las opiniones.
- Mantener la mente abierta.
- No descartar nada sin análisis, y tampoco aceptar nada sin análisis.

Los pensadores críticos cuestionan todo y usan sus herramientas mentales para averiguar la verdad, dondequiera que se esconda. En otras palabras, el pensamiento crítico se basa en el escepticismo. Sin embargo, me refiero a un escepticismo constructivo basado en el elemento de la duda cortés. En este contexto, el escepticismo no significa que debes ir por la vida desconfiando de todo lo que ves y oyes. Eso no sería útil. El escepticismo en el pensamiento crítico se refiere a mantenerte abierto a la posibilidad de que lo que sabes en un instante dado podría ser sólo una parte de la imagen completa.

El pensamiento crítico te da las herramientas para usar el escepticismo y la duda constructivamente para analizar la información que recibes y te ayuda a tomar mejores decisiones de una manera más efectiva y productiva.

Algunas personas parecen ser naturalmente más escépticas o más confiadas que otras. Sin embargo, el pensamiento crítico no se basa en los rasgos de personalidad, sino que se basa de un conjunto de métodos orientados a explorar la evidencia de una manera en particular. Las personas escépticas requieren de una aproximación estructurada que los ayude a confiar en la probabilidad de un resultado, al igual que las personas confiadas requieren de métodos que los ayuden a usar la duda constructivamente.

LA FORMA EN QUE PENSAMOS

Las investigaciones sobre los procesos neuronales de los mamíferos han llevado a varios expertos a describir nuestro razonamiento como un sistema de reconocimiento de patrones. Básicamente contamos con un sistema que ha evolucionado durante millones de años para recopilar información, identificar patrones en la información y diseñar una respuesta adecuada al patrón. Una vez que el patrón y la respuesta están vinculados, la acción es inconsciente y, por lo tanto, casi instantánea. En los animales lo llamamos instinto.

Los seres humanos tenemos cerebros de mamíferos más avanzados y debido a esto somos capaces de almacenar patrones de información mucho más complejos y diseñar comportamientos mucho más ricos como respuesta al reconocimiento de patrones.

Cada recuerdo y cada pieza de información que retenemos se almacenan como un patrón electroquímico en nuestros cerebros. Esa información almacenada en nuestro cerebro es la suma de toda nuestra comprensión del mundo, y confiamos en ella para dar sentido a todo lo que experimentamos.

Una vez que hemos aceptado la veracidad de una pieza de información, se convierte en un pensamiento inconsciente, semejante a un instinto animal.

A medida que evolucionamos y se desarrolló la inteligencia humana, fuimos capaces de transferir información, ideas y emociones de una persona a otra mediante el lenguaje. Ahora tenemos millones de piezas de información almacenadas en nuestro cerebro con las que no tenemos una experiencia personal, pero que hemos aceptado como verdadera y confiamos en esa información sin cuestionarla. Esta característica nos permite vivir en un mundo complejo, pero tiene un enorme efecto no deseado: existe una alta probabilidad de tener errores en nuestros patrones de información y como resultado, errores en nuestras creencias, comportamientos, ideas y opiniones basadas en esa información.

Para evitar este efecto no deseado, deberás desarrollar tu habilidad de pensamiento crítico, y para ello tendrás que enfrentar y superar algunos obstáculos psicológicos. Eso es lo que veremos a continuación.

Los principales obstáculos psicológicos para el pensamiento crítico

Siempre nos están intentando convencer de algo y se nos dan razones para creer o hacer ciertas cosas: creer que debemos comprar un producto, apoyar una causa, aceptar un trabajo, juzgar a alguien inocente o culpable, hacer algunas tareas domésticas, etc. Para evaluar adecuadamente las razones que se nos dan para hacer o creer estas cosas, necesitamos pensar críticamente. Sin embargo, el problema

está en que la mayoría de las personas no somos muy buenas pensando. Por muy inteligentes o educados que seamos, nuestro razonamiento se desvía fácilmente por obstáculos psicológicos comunes, y ese es el tema que analizaremos en este capítulo.
Los principales obstáculos para el pensamiento crítico son:

- El sesgo de confirmación: Cuando tendemos a considerar sólo lo que ya hemos experimentado y está de acuerdo con nuestras opiniones.
- Encuadre: Cuando la forma en que se nos presenta un problema afecta la forma en que lo vemos.
- Falacias lógicas: Algunas maneras "engañosas" en que utilizamos el razonamiento.

Revisaremos con más detalles qué significa cada uno de estos obstáculos, pero ahora lo importante es comprender que el pensamiento crítico tiene como objetivo asegurar que tenemos buenas razones para respaldar nuestras creencias o nuestras decisiones.

Pero ¿qué significa eso? Veámoslo con un ejemplo:

Supongamos que yo y mi colega Pablo estamos discutiendo sobre si otro de nuestros colegas, llamado Alex, vendrá a una reunión de trabajo que se realizará esta tarde.

Yo: *"Pablo, ¿Crees que Alex vendrá a la reunión de la tarde?"*
Pablo: *"No. No lo creo".*
Yo: *"¿Por qué piensas eso?"*
Pablo: *"Porque cuando está Alex las reuniones siempre son un desastre".*
Yo: *"Pero esa no es una buena razón para creer que Alex no*

vendrá a la reunión. En el mejor de los casos, es una razón para "querer" que Alex no asista".

Pablo: "Bueno, entonces creo que Alex no vendrá porque odia las reuniones, y casi nunca asiste. Alex sólo aparece si hay algo importante en la agenda, y para esta tarde no hay nada que le preocupe".

Yo: "Bueno, esa es una mejor razón. Proporciona un apoyo lógico más fuerte si hacemos las siguientes suposiciones:

- Es verdad que Alex casi nunca viene a las reuniones porque las odia.
- Sólo aparece si hay algo importante en la agenda.
- No hay nada en la agenda que a Alex le preocupe.

Si esas tres suposiciones se mantienen, entonces parece plausible que Alex no aparezca. Pero aun así, no garantizan que Alex no venga a la reunión."

Pablo: "Bueno, creo que esta razón te convencerá. Alex está fuera de la ciudad. Hablamos por Skype hace unas horas".

Definitivamente esa es una mejor razón para pensar que Alex no estará en la reunión ¿Estás de acuerdo?

Aunque si te pones creativo, podrías argumentar que si Alex es un científico loco y ha desarrollado algún tipo de dispositivo de tele transportación, podrá llegar a la reunión. Eso parece bastante improbable, pero si esa última razón fuera verdadera, tendríamos buenas razones para creer que Alex estará en la reunión.

Cuando pensamos críticamente estamos pensando en formas que aseguren, en la medida de lo posible, que tenemos buenas razones para mantener nuestras creencias. En el ejemplo anterior estamos tratando de llegar a la creencia verdadera acerca de si Alex estará o no en la reunión, por lo que estamos evaluando las razones que afectan a esa creencia para ver si hay buenas razones para creer en una cosa más que en otra.

Aunque no nos demos cuenta, usamos la lógica y el pensamiento crítico todos los días. Pensamos críticamente cuando sopesamos las razones para creer que debemos ir a trabajar en automóvil o en transporte público. Podríamos considerar las razones a favor y en contra de usar el automóvil, la probabilidad de atascos de tráfico en la carretera, la confiabilidad del sistema de transporte público, lo importante que es llegar a tiempo y cuál de las opciones hace que sea más probable que logre mi objetivo.

Cada día nos enfrentamos a constantes demandas para ejercer nuestras habilidades de pensamiento crítico. Todo tipo de personas trata de persuadirnos de todo tipo de cosas. Las personas que escriben artículos en el periódico, los políticos, conferenciantes, anunciantes, evangelistas, animadores de radio, padres, hijos, amigos, etcétera. Y cuando alguien está tratando de convencerte de algo, debes pensar en qué razones te han dado realmente para creer lo que esa persona quiere que creas. ¿Son buenas razones? Esto es lo que entendemos por pensamiento crítico.

Ahora, aquí hay algo curioso. Debido a que necesitamos ejercer nuestras habilidades de pensamiento crítico todo el tiempo, podríamos pensar que la capacidad de ejercer esas habilidades es parte de lo que nos hace seres humanos. Podríamos pensar que todos, o casi todos, somos bastante buenos en ello, que no cometemos errores simples y que no tenemos tendencias a adoptar creencias injustificadas. Pero la realidad es que todos tendemos a cometer ciertos tipos de errores cuando estamos decidiendo qué creencias adoptar.

A continuación veremos cuáles son los dos principales obstáculos para el pensamiento crítico: el sesgo de confirmación y el encuadre. El tercer obstáculo, las falacias lógicas, las veremos en un capitulo posterior.

Sesgo de confirmación

Francis Bacon describe el sesgo de confirmación de la siguiente forma:

"El cerebro humano, una vez que ha adoptado una opinión, selecciona cuidadosamente toda la información que recibe para apoyar y estar de acuerdo con ella. Y aunque haya un mayor número de evidencia y ejemplos que prueben lo contrario, o bien la descuida y la desprecia, o bien la deja de lado y la rechaza para que con esta predeterminación perniciosa, la autoridad de sus primeras conclusiones puedan permanecer invioladas". (Francis Bacon, 1602).

Dicho de otra forma, los seres humanos tenemos una profunda tendencia a preferir la información que confirma nuestras opiniones. Una vez que adoptamos una opinión sobre algo, vemos solo la evidencia que apoya esa visión y pasamos por alto las pruebas que no lo hacen.

Un ejemplo típico ocurre con los inversionistas. Si has tenido alguna experiencia en inversiones (acciones, forex, etc.), sabrás que cuando crees que el mercado subirá, buscarás opiniones en prensa, blogs y foros que confirmen tus ideas, ignorando los comentarios que opinan de forma diferente.

La mejor manera de evitar el sesgo de confirmación es intentar analizar las opiniones contrarias a la nuestra de forma objetiva y cuidadosa. Por lo menos, aunque sea difícil tener estas opiniones en cuenta de una manera totalmente objetiva, es esencial como mínimo prestarles atención y no ignorarlas como solemos hacer. Si los argumentos contrarios son lógicos y tienen sentido, posiblemente consigamos evitar razonamientos erróneos y caer en este prejuicio cognitivo. Más adelante te enseñaré un proceso paso a paso para evaluar objetivamente la lógica de los argumentos.

Otra forma de evitar el sesgo de confirmación es analizar nuestras creencias desde el punto de vista contrario, intentando argumentar como si pensáramos de forma opuesta. En otras palabras, actuar como *"abogado del diablo"*. Este método es ideal para comprobar la fortaleza de nuestro razonamiento e identificar sus principales debilidades.

Encuadre

Este obstáculo, si lo usas a tu favor, puede ser una poderosa herramienta de influencia y persuasión. Sin embargo, es un arma de doble filo que nos puede hacer tomar malas decisiones.

Suena lógico creer que si estamos razonando bien, tomaremos siempre la misma decisión cada vez que nos enfrentemos con las mismas opciones en las mismas circunstancias ¿Estás de acuerdo? Bueno, la verdad es que la gente no siempre hace eso y una de las causas es el efecto del encuadre.

En términos sencillos, el efecto del encuadre puede hacernos responder de una manera diferente a circunstancias idénticas. Por ejemplo, es mucho más probable que escojamos una opción descrita en términos positivos que una descrita en términos negativos, incluso si las opciones son realmente las mismas.

Veamos un ejemplo:

Escenario 1:

"Bueno, me doy cuenta de que debes estar decepcionado con tu diagnóstico, y sé que las opciones de tratamiento no se ven muy bien, pero puedo ofrecerte una nueva droga, aunque tengo que admitir que ha fallado en el 50% de los casos".

Escenario 2:

"Bueno, me doy cuenta de que debes estar un poco decepcionado con tu diagnóstico, pero hemos experimentado un progreso fantástico en este ámbito y puedo ofrecerte un nuevo medicamento que ha funcionado en el 50% de los casos".

La descripción de la efectividad del fármaco es la misma (efectividad del 50%) en los dos escenarios, pero las investigaciones muestran que la mayoría de la gente es influenciada por ese cambio en las descripciones. Somos mucho más propensos a elegir una opción descrita en términos positivos que una descrita negativamente.

El ejemplo anterior fue bastante sencillo, pero ahora veremos un ejemplo algo más complicado. Imagina que eres un alto funcionario del ministerio de salud y tu país se está preparando para un brote de una enfermedad. Se espera que la enfermedad mate a 600 personas. Hay dos programas posibles y tienes que elegir cuál se adoptará.

Si adoptamos el programa A, 200 personas se salvarán. Si adoptamos el programa B, hay una probabilidad de 1/3 de que las 600 personas se salven, y una probabilidad de 2/3 de que nadie se salve. ¿Qué opción prefieres? Mantén ese pensamiento por un momento.

Ahora considera el mismo problema, enfermedad inusual, 600 muertes esperadas, dos programas para elegir, pero ahora se trata de los programas C y D. Si adoptamos el programa C, 400 personas morirán. Si adoptamos el programa D, hay una probabilidad de 1/3 de que nadie muera, y una probabilidad de 2/3 de que las 600 personas mueran. ¿Cuál eliges?

En el experimento original de los famosos psicólogos Tversky y Kahneman, para los encuestados que tuvieron que elegir entre A y B, el 72% prefirieron el programa A, y el 28% el programa B. Para los encuestados que tuvieron que elegir entre C y D, el 78% eligió D y el 22% C. Ahora revisemos las 4 opciones con más cuidado.

Opción A: 200 personas se salvarán.

Opción B: Hay una probabilidad de 1/3 de que las 600 personas se salven, y una probabilidad de 2/3 de que nadie se salve.

Opción C: 400 personas morirán.

Opción D: Hay una probabilidad 1/3 de que nadie muera, y una probabilidad de 2/3 de que mueran las 600 personas.

Vimos que la mayoría de la gente prefería A sobre B, y D sobre C. Pero mira más de cerca. A y C son sólo la forma positiva y negativa de decir lo mismo (de las 600 personas, 200 se salvarán y 400 morirán). Y las opciones B y D también están diciendo lo mismo en términos negativos y positivos.

Entonces ¿Por qué nuestras elecciones no son consistentes?

Sencillamente porque las opciones se encuadran de manera diferente. Unas se encuadran en términos positivos y otras en términos negativos, y generalmente nos centramos en lo positivo. El efecto de encuadre es ubicuo.

Veamos un ejemplo más:

En otro estudio se preguntó a 40 personas sobre los dolores de cabeza y una pregunta clave fue enmarcada de manera diferente:

Pregunta A: ¿Tienes dolores de cabeza con frecuencia? Y de ser así, ¿Con qué frecuencia?

Pregunta B: ¿Tienes dolores de cabeza ocasionalmente? Y de ser así, ¿Con qué frecuencia?

Probablemente puedas adivinar lo que sucedió. Si le preguntas a la gente si tiene dolores de cabeza con frecuencia, se verán influenciados a pensar en más ocasiones en las que han tenido dolores de cabeza en comparación a si les preguntas si tienen dolores de cabeza ocasionalmente.

Las personas que recibieron la pregunta A informaron un promedio de 2,2 dolores de cabeza por semana, mientras que las personas que recibieron la pregunta B informaron un promedio de 0,7 dolores de cabeza por semana.

Las palabras "con frecuencia" y "ocasionalmente" encuadran las preguntas de manera diferente, llevando a las personas a percibir la misma experiencia de manera diferente.

2
EL CONCEPTO FUNDAMENTAL PARA DOMINAR TU MENTE: EL EGOCENTRISMO

Uno de los desafíos fundamentales que la mayoría de las personas enfrentamos en el desarrollo de nuestro pensamiento es la tendencia a pensar y sentir egocéntricamente. Nuestra vida está profundamente enfocada en nuestros propios deseos, dolores, pensamientos y sentimientos inmediatos.

Buscamos gratificación inmediata o gratificación a largo plazo basada en una perspectiva esencialmente egoísta. No nos preocupa si nuestras percepciones son exactas. No nos motiva descubrir nuestras propias debilidades, prejuicios o autoengaños. Más bien, buscamos conseguir lo que queremos, evitar la desaprobación de los demás, y justificarnos en nuestra propia mente.

Sin importar cuán irracional o destructivo sea nuestro pensamiento, cuando estamos operando desde una perspectiva egocéntrica nuestro pensamiento nos parece correcto, verdadero, bueno y racional. La mente humana puede pensar irracionalmente de muchas maneras mientras se enmascara dentro de una fachada de razonabilidad.

EJERCICIO

Piensa en un desacuerdo que hayas experimentado recientemente y en el que ahora te das cuenta de que no estabas escuchando con imparcialidad las opiniones de la otra persona. Tal vez estabas a la defensiva durante la conversación, o estabas tratando de dominar a la otra persona, o no estabas tratando de ver la situación desde la otra perspectiva. Seguramente en ese momento creías que estaba siendo razonable y ahora te das cuenta de que estabas siendo de mente cerrada. Completa estas declaraciones:

1. La situación era la siguiente...

2. Mi comportamiento / pensamiento en la situación era el siguiente...

3. Ahora me doy cuenta de que yo estaba actuando egocéntricamente porque...

Si no puedes pensar en un ejemplo, piensa en una situación en la que estuviste recientemente en la que alguien más estaba actuando egocéntricamente.

BUSCA LA IMPARCIALIDAD

Aunque nadie se define a sí mismo como una persona egocéntrica, todos debemos reconocer que lo somos. Este es un paso importante que debemos dar cuando intentamos entender la estructura de nuestra mente. La forma en que respondemos a las personas indica si pensamos egocéntricamente que tenemos una visión única de la verdad. Las siguientes son las tendencias más comunes del pensamiento egocéntrico:

1. **"Es verdad porque lo creo (o lo creemos)"**

Nuestro comportamiento indica que asumimos egocéntricamente que los grupos a los que pertenecemos tienen una visión única de la verdad. Nuestra religión, nuestra compañía, nuestro país y nuestros amigos son especiales y mejores.

2. **"Es verdad porque quiero creerlo"**

Nuestro comportamiento indica que creemos más fácilmente lo que coincide con lo que egocéntricamente queremos creer, hasta el punto del absurdo.

3. "Es cierto porque siempre lo he creído"

Nuestro comportamiento indica que aceptamos más fácilmente lo que coincide con las creencias que hemos sostenido durante mucho tiempo. Asumimos egocéntricamente que nuestras creencias más antiguas son correctas.

4. "Es cierto porque es mi interés egoísta creerlo"

Nuestro comportamiento indica que creemos más en lo que coincide con las creencias que nos sirven para avanzar en nuestra riqueza, poder o posición, incluso si entran en conflicto con los principios éticos que insistimos en mantener.

Si conscientemente reconocemos estas tendencias y deliberadamente tratamos de superarlas al pensar razonablemente, estaremos dando un paso fundamental en nuestro desarrollo mental.

Dentro del área del desarrollo mental, lo contrario al egocentrismo es lo que conocemos como imparcialidad. La imparcialidad implica la conciencia y la necesidad de tratar todos los puntos de vista por igual, sin referencia a tus propios sentimientos o intereses egoístas, o a los sentimientos o intereses egoístas de tus amigos, compañía, comunidad o nación.

Ser imparcial significa esforzarse por tratar cada punto de vista relevante a una situación de manera imparcial y sin prejuicios. Eso implica tener conciencia del hecho de que los seres humanos, por naturaleza, tendemos a prejuzgar las opiniones de los demás, colocándolas en "verdaderas" (si están de acuerdo con nosotros) y "falsas" (si discrepan con nosotros).

Lograr un verdadero estado mental de imparcialidad es un desafío y nos exige ser intelectualmente humildes, valientes, empáticos, honestos, perseverantes, confiados y autónomos. Sin esta gama de rasgos, no hay verdadera imparcialidad.

Humildad intelectual: Tener conocimiento de tu ignorancia

La humildad intelectual puede definirse como la conciencia de los límites de tu conocimiento. Esto implica estar al tanto de los sesgos, prejuicios y las limitaciones de los propios puntos de vista, es decir, ser consciente de tu propia ignorancia.

Lo opuesto de la humildad intelectual es la arrogancia intelectual, es decir, la falta de conciencia de los límites de nuestro propio conocimiento, con poca o ninguna visión de las limitaciones de nuestros puntos de vista. Con frecuencia las personas arrogantes caen presa de sus propios prejuicios y afirman saber más de lo que realmente saben.

Cuando hablamos de la arrogancia intelectual no estamos necesariamente refiriéndonos a una persona que es exteriormente presumida, altanera, insolente, o pomposa. Externamente una persona intelectualmente arrogante puede parecer humilde. Por ejemplo, un líder de un culto religioso puede parecer externamente humilde, pero intelectualmente puede ser arrogante al generalizar juicios basado en su fe.

Desafortunadamente, el mundo está lleno de personas que creen saber lo que no saben. Todos cometemos estos errores en alguna dimensión de nuestras vidas, basados en nuestras propias falsas creencias, conceptos erróneos, prejuicios, ilusiones e ignorancia. Y lo peor es que cuando se nos desafía, a menudo nos resistimos a admitir que podemos estar equivocados. En lugar de reconocer los límites de nuestro conocimiento, los ignoramos.

La arrogancia intelectual es incompatible con la imparcialidad y el pensamiento crítico porque no podemos juzgar correctamente cuando estamos en un estado de ignorancia.

Ejercicio

Por favor toma unos minutos para responder a las siguientes preguntas:

-¿Puedes construir una lista de tus prejuicios más significativos? Piensa en lo que crees sobre tu país, tu religión, tu empresa, tus amigos, tu familia, los inmigrantes, o sobre tu futuro simplemente por lo que otras personas o medios de comunicación te transmitieron.

-¿Durante la última semana has argumentado a favor o en contra de otras opiniones, incluso cuando tenías poca evidencia sobre la cual basar tu juicio?

- ¿Alguna vez has asumido que tu grupo (tu compañía, tu familia, tu religión, tus amigos) están en lo correcto cuando están en conflicto con otros, aunque no hayas mirado la situación desde el punto de vista contrario?

Empatía intelectual: Entender los puntos de vistas opuestos

La empatía intelectual es la necesidad de ponerse de manera imaginaria en el lugar de otros con el fin de comprenderlos genuinamente. Tener empatía intelectual significa ser capaz de reconstruir con precisión los puntos de vista y el razonamiento de los demás y razonar desde premisas, suposiciones e ideas diferentes a las propias.

Lo opuesto a la empatía intelectual es el egocentrismo intelectual, el cual es el pensamiento centrado en uno mismo. Cuando pensamos desde una perspectiva egocéntrica, somos incapaces de entender los pensamientos, sentimientos y emociones de los demás.

Si no aprendemos a considerar las perspectivas de los demás y pensar con precisión como ellos piensan, no seremos capaces de evaluar correctamente sus ideas y sus creencias. En realidad, tratar de pensar desde el punto de vista de los demás es una de las habilidades más difíciles de dominar y al mismo tiempo es una habilidad que tiene implicaciones directas en la calidad de tu vida. Por ejemplo, si no puedes pensar desde el punto de vista de tu jefe, tendrás dificultades para desempeñarte con éxito en el trabajo y con frecuencia te sentirás frustrado. Si no puedes pensar desde los puntos de vista de tus subordinados, tendrás dificultades para entender por qué se comportan como lo hacen. Si no puedes pensar desde el punto de vista de su pareja, la calidad de tu relación se verá afectada adversamente.

Ejercicio

Trata de reconstruir la última discusión que tuviste con alguien (un supervisor, colega, amigo, tu pareja, etc.). Reconstruye el argumento desde tu perspectiva y desde la perspectiva de la otra persona. Esfuérzate por no distorsionar el punto de vista del otro.

Trata de hacer este ejercicio de buena fe, incluso si eso significa admitir que estabas equivocado. Recuerda que quieres ver la verdad en la situación.

Después de haber completado este ejercicio, ármate de valor y muéstraselo a la persona con la que discutiste y ve si representaste con precisión su punto de vista.

Independencia intelectual: Ser un pensador independiente

La independencia intelectual puede definirse como la motivación de pensar para uno mismo, y no ser dependiente de otros para la dirección y el control de tus pensamientos. Las personas autónomas son personas a cargo de sus vidas, no son irracionalmente dependientes de otros y no son controladas por emociones infantiles, tienen autocontrol, completan lo que comienzan, no aceptan pasivamente las creencias de los demás, piensan en las situaciones por sí mismos, rechazan a las autoridades injustificadas, no se limitan a la forma aceptada de hacer las cosas y evalúan las tradiciones y prácticas que otros a menudo aceptan incuestionablemente.

Lo contrario de la independencia intelectual es la conformidad o dependencia intelectual. La independencia intelectual es difícil de desarrollar porque pensar por sí mismo casi ciertamente conducirá a conclusiones impopulares. Siempre hay muchas recompensas para aquellos que simplemente se conforman con el pensamiento y la acción determinada por la presión social.

Las grandes masas de personas son conformistas intelectuales. Son como espejos reflejando los sistemas de creencias y los valores de quienes los rodean. Carecen de las habilidades intelectuales para pensar por sí mismos. Incluso aquellas personas que se pasan años obteniendo un PhD., pueden ser intelectualmente dependientes, tanto académica como personalmente.

Uno no puede ser un pensador crítico sin independencia intelectual, y a menudo nos percibimos como pensadores independientes, pero lo que realmente estamos haciendo es conformándonos con los pensamientos de los demás.

Ejercicio

Te propongo que reflexiones brevemente en algunas de las diversas influencias a las que ha estado expuesto a lo largo de tu vida. Piensa en las influencias de tu cultura, tu empresa, tu familia, tu religión, medios de comunicación, etc. Ve si puedes discriminar entre tus propios pensamientos y comportamientos de los pensamientos y comportamientos impuestos por alguien más.

Toma unos minutos para pensar. Cuando termines te esperaré en el siguiente capítulo en el que veremos un tema fascinante y poderoso. Si usas ese conocimiento de forma consciente puede ser un arma de manipulación formidable, pero cuando se usa inconscientemente puede tener un efecto devastador en nuestra propia mente, ya que nos hace adoptar falsas creencias.

3

FALACIAS COMUNES: APRENDE ESTOS TRUCOS PARA NO SER MANIPULADO

Hasta ahora hemos discutido qué es el pensamiento crítico y algunos de los obstáculos psicológicos. A partir de este punto comenzaremos a aprender técnicas y estrategias prácticas para usar en tus conversaciones diarias con el fin de analizar argumentos para influenciar a otras personas o evitar ser manipulado.

Los argumentos están en todas partes. Enciende el televisor y sin duda te encontrarás con algún político dando una perorata acerca de por qué debes votar por él. Ve a cenar con tu familia y sin duda alguien comenzará a decirte por qué su opinión es la correcta y la tuya la incorrecta. Todo el mundo, desde nuestros parientes hasta nuestros compañeros de trabajo, tiene un gran interés en convencernos de teorías que pueden ser falsas, o que van en contra de nuestros propios intereses ¿Cómo vas a ser capaz de mantener a estas personas a raya si no eres capaz de darte cuenta de que estás siendo engañado?

Tal vez ya seas consciente del poder de la argumentación, y simplemente deseas evitar ser engañado por alguien con mayor manejo de la lógica. En este capítulo encontrarás una lista de ejemplos de usos y abusos de la lógica en la argumentación. A esto lo llamamos falacias lógicas.

Al igual que con otras habilidades en la vida, reconocer cuando se cometen abusos de la lógica con el tiempo se convierte en una segunda naturaleza. La mejor manera de dominar completamente las falacias lógicas es por medio de la práctica. Debes permanecer vigilante y pensar constantemente en los argumentos que encuentres, y luego tratar de resolver lo que pueda estar mal.

Esta es una habilidad que definitivamente vale la pena desarrollar. Simplemente hay demasiados argumentos malos por ahí, y su efecto no es en absoluto insignificante. Nos llevan a creer ideas perniciosas y falsas, y perpetúan decisiones terribles, tanto a nivel individual como colectivo. El dominio de esta habilidad puede tomar tiempo y esfuerzo, pero este es un buen momento para comenzar.

Las falacias que a continuación se presentan tienden a ser más sencillas de detectar que los obstáculos psicológicos planteados anteriormente, por lo que también son más fáciles de combatir.

Verás que las falacias son muy comunes. Sólo presta un poco de atención a las noticias del periódico local o a las conversaciones con tus amigos o colegas y las descubrirás fácilmente.

Las falacias son tan numerosas, que se comprenden mejor cuando se clasifican en categorías con características claramente identificables. Las tres categorías que usaremos en este libro son las siguientes:

- Falacias de relevancia.
- Falacias de premisas inaceptables.
- Falacias formales.

Sin embargo, esta clasificación de falacias en términos de lógica es un tema controversial. No existe una taxonomía correcta para falacias. Los expertos en lógica han propuesto listas de categorías que varían considerablemente entre una y otra (en longitud y en nombres para las falacias). Cualquier clasificación de este tipo es arbitraria en algún grado. De todas maneras, mi objetivo aquí proporcionarte un esquema comprensivo con las falacias más comunes, aunque te las presento en una forma muy resumida. Un trabajo más exhaustivo sobre falacias requiere de un libro completo por sí sólo, por lo que te recomiendo revisar mi libro "Las 59 falacias más poderosas".

Te recomiendo que leas rápidamente este capítulo y lo uses como referencia futura.

FALACIAS DE RELEVANCIA

Las falacias de relevancia son argumentos que ofrecen varias razones para creer en una conclusión que, al examinarlas bien, no resultan ser verdaderas razones para justificar tal conclusión.

Falacia Tu quoque

Esta falacia también es conocida como inconsistencia personal. Tu quoque significa "tú también." Esta falacia se comete cuando se indica que el argumento es falso porque la persona que hace el argumento no está actuando consistentemente con lo que declara. Por ejemplo:

Doctor: *"Fumar implica un grave riesgo para la salud, deberías dejar de fumar"*.

Paciente: *"Creeré eso cuando tú también dejes de fumar"*.

Respuestas como esa probablemente te sean familiares, pero el carácter o la forma de actuar de quien expresa el argumento no dice nada sobre la veracidad o falsedad del argumento. No podemos descartar un argumento simplemente por el carácter de la persona que lo expresa.

Falacia de la cortina de humo

En esta falacia el argumentador intenta desviar a su audiencia al plantear una cuestión irrelevante y luego afirma que la cuestión original ya ha sido resuelta efectivamente por la distracción irrelevante. Por ejemplo:

"En la actualidad se discute mucho sobre la necesidad de eliminar los pesticidas de nuestras frutas y verduras. Sin embargo, muchos de estos alimentos son esenciales para nuestra salud. Las zanahorias son una excelente fuente de vitamina A, el brócoli es rico en hierro, y las naranjas y toronjas tienen mucha vitamina C".

Los planes para eliminar o reducir los pesticidas probablemente no implican detener la producción de verduras y frutas, por lo que el argumento es una cortina de humo en un intento por cambiar el enfoque de la discusión.

Falacia del hombre de paja

Esta falacia ocurre cuando alguien distorsiona o caricaturiza los argumentos o puntos de vista de un oponente, y luego ataca la versión debilitada en lugar del argumento real. Por ejemplo:

Margaret: *"Tenemos que hacer algo con respecto a los gases de efecto invernadero. El gobierno debería elevar los estándares de eficiencia de combustible de los vehículos para reducir la cantidad de CO_2 que produciremos durante los próximos 20 años".*

Roger: *"Tu solución sería un desastre. Mataría la economía. ¿Cómo iría la gente a trabajar sin vehículos?"*

Roger afirma que Margaret está proponiendo medidas que eliminen los coches, pero Margaret no ha dicho nada equivalente a eso. Esto es un hombre de paja.

Uso intencional: Esta es una falacia muy poderosa y

cuando se utiliza hábilmente puede ayudarnos a ganar un debate, pero es poco probable que nos lleve hacia la verdad. Si podemos demostrar que incluso la versión más fuerte de un argumento es defectuosa, podemos debilitar a nuestro adversario.

Ad hominem o ataque a la persona

Una ad hominem es una falacia en la que se ataca un argumento sobre la base de algunos hechos negativos irrelevantes sobre el autor o la persona que presenta la reclamación. Por lo general esta falacia consiste en dos pasos. En primer lugar, se dice algo negativo (pero irrelevante) sobre el carácter de la persona que hace la reclamación. En segundo lugar, esto se toma como evidencia de la falsedad de la reclamación en cuestión. Por ejemplo:

Andrés: *"Considero que ya llegó el momento en que se deberían tomar medidas severas en contra de las empresas que contaminan el medio ambiente y el gobierno debe comenzar a construir más áreas verdes en la ciudad".*

María: *"Lo que dices no tiene ninguna validez. ¡Eres un alcohólico!"*

Este es un caso de Ad hominem, ya que la respuesta de María no dice nada sobre el argumento de Andrés.

Sin embargo, no todos los ad hominem son falaces. En algunos casos, las características de un individuo pueden incidir en la veracidad de sus afirmaciones. Por ejemplo, si alguien ha demostrado ser un mentiroso patológico, entonces lo que diga puede ser considerado como poco fiable. Pero en cualquier caso, este tipo de ataques son débiles, ya que incluso los mentirosos patológicos podrían decir la verdad en algún momento.

En general, lo mejor es centrar la atención en el contenido y no en la persona que hizo el argumento. Es el contenido lo que determina la veracidad del argumento y no las características de la persona que hace el argumento.

Falsa autoridad

Se comete esta falacia cuando se recurre a la opinión de las autoridades aparentes, y no a autoridades verdaderas, para resolver la veracidad de una declaración o un argumento. Por ejemplo, cuando tomamos en consideración los consejos financieros de alguien que aparece en televisión, basándonos solo en su fama y no en su verdadero conocimiento financiero.

El apego a la autoridad entra en conflicto con el principio básico del buen pensamiento lógico y crítico que nos invita a asumir la responsabilidad de evaluar los fundamentos de nuestras creencias. Adoptar una creencia simplemente porque alguien más nos dijo que era cierto es una manera de evitar el buen pensamiento lógico y crítico.

Cuando considero si debo confiar en una autoridad, debería considerar las siguientes preguntas: ¿Es la autoridad una auténtica autoridad? ¿Es experto? ¿El consejo que está dando se encuentra en su área de experiencia? ¿Existe un amplio consenso entre las autoridades de la especialidad? Si no, no deberíamos creer en algo únicamente porque una autoridad dice que es verdadero, ya que otras autoridades genuinas pueden decir lo contrario.

Ejemplo:

Leonardo: *"Creo que el aborto es moralmente aceptable. Una mujer debería tener derecho sobre su propio cuerpo."*

Karla: *"No estoy de acuerdo contigo. El Dr. Johan Skarn dice que el aborto siempre es moralmente incorrecto, independiente-*

mente de la situación. Tiene que tener razón, después de todo, es un respetado experto en su campo."

Leonardo: *"Nunca he oído hablar del Dr. Skarn. ¿Quién es?"*

Karla: *"Es el tipo que ganó el Premio Nobel de Física por su trabajo sobre la fusión fría."*

Leonardo: *"Ya veo. ¿Y tiene alguna experiencia en moral o ética?"*

Karla: *"No lo sé. Pero es un experto mundialmente famoso, así que le creo."*

La falacia de la división

La falacia de la división se comete cuando una persona infiere que lo que ocurre en su conjunto también debe ocurrir en sus componentes. Por ejemplo:

"Una cuerda es fuerte y puede soportar fácilmente el peso de una persona adulta. Una cuerda es solo una colección de hebras individuales. Por lo tanto, una hebra de cuerda es fuerte y puede fácilmente soportar el peso de una persona adulta."

Este argumento es falaz porque asume que cada parte que compone una cuerda (cada hebra) debe compartir un atributo poseído por la cuerda como un todo (la resistencia). Ten en cuenta que esta falacia es la versión inversa de la falacia de la composición, que veremos a continuación.

Falacia de la composición

Cometemos la falacia de la composición cuando imputamos erróneamente los atributos de una parte de un todo a todo el mismo. Por ejemplo:

"Una cuerda no es más que una colección de hebras débiles. Por lo tanto, una cuerda no puede soportar el peso de una persona adulta."

Este argumento es falaz porque asume que una colección de hebras (la cuerda) debe compartir el atributo que posee cada hebra individual (debilidad). Si esto fuera cierto, las cuerdas no tendrían ningún uso.

Veamos otro ejemplo algo más complejo de identificar:

"La fiscalía no ha ofrecido más que pruebas circunstanciales. Como hemos visto, ninguna de estas pruebas demuestra de manera decisivo que mi cliente cometió el robo. Por lo tanto, la fiscalía no ha logrado generar nada más que una duda razonable."

Este argumento aparentemente complejo es falaz porque imputa un atributo de cada pieza individual de prueba (insuficiencia para probar la culpabilidad más allá de una duda razonable) a la totalidad de la evidencia. Sin embargo, la suma de las pruebas (consideradas en conjunto) puede muy bien demostrar la culpabilidad más allá de una duda razonable.

Apelar a la creencia común (Argumento ad populum)

Se comete esta falacia cuando se justifica una proposición sobre la base de la supuesta opinión que tiene la gente en general. Por ejemplo:

"Una encuesta demostró que el 25% de las personas mayores de 18 años creen en la astrología, es decir, creen en que la posición de las estrellas y los planetas afectan su vida. Esto representa a más de 75 millones de personas. Por lo tanto, ¡debe haber algo de verdad en la astrología!"

Evidentemente la popularidad de la creencia en la astrología no está relacionada con la veracidad de sus declaraciones.

Apelación a la tradición

Esta es una falacia que se produce cuando se supone que algo es mejor o correcto, simplemente porque es más viejo, tradicional, o porque "siempre se ha hecho así."

Esta especie de razonamiento es atractivo porque a menudo las personas prefieren seguir con lo tradicional que probar cosas nuevas. Sin embargo, tampoco se debe asumir que las cosas nuevas deben ser mejores que las cosas antiguas. La antigüedad, por lo general, no tiene nada que ver con la calidad o veracidad de algo.

Obviamente, la antigüedad tiene influencia en algunos contextos, por ejemplo, si una persona concluye que el vino envejecido es mejor que el vino nuevo, no sería una apelación a la tradición, ya que en tal caso la antigüedad efectivamente tiene directa relación con la calidad. Por lo tanto, la clave está en comprender que el error se comete sólo cuando la antigüedad no tiene relación directa con la cualidad en cuestión.

Ejemplo:

"Por supuesto que creo en Dios. La gente ha creído en Dios desde hace miles de años, por lo que Dios tiene que existir."

Apelar a la ignorancia

El argumentador afirma que una demanda debe ser verdadera porque nadie ha demostrado que sea falso, o que una demanda debe ser falsa porque nadie ha demostrado que sea verdadera.

Por ejemplo:

"Debe haber vida inteligente en otros planetas, porque nadie ha demostrado que no la hay" o bien *"No hay vida inteligente en otros planetas porque nadie ha demostrado que la hay".*

Ambos argumentos asumen que la falta de pruebas a favor (o en contra) de su afirmación son una buena razón para creer que la demanda es verdadera (o falsa).

Apelar a la emoción

Esta falacia se produce cuando en lugar de una argumentación lógica, se utiliza lenguaje expresivo diseñado para apelar a una emoción como la indignación o la piedad. Este tipo de razonamiento es muy común en la política y en los medios publicitarios.

La mayoría de los discursos políticos están pensados para generar sentimientos en las personas y para que esos sentimientos los lleven a votar o actuar de cierta manera. En el caso de la publicidad, los anuncios están dirigidos a evocar emociones que influirán en el deseo de la gente para comprar ciertos productos. En la mayoría de los casos (en discursos y anuncios publicitarios) se observa una evidente ausencia de pruebas reales.

Esta falacia es en realidad un método extremadamente eficaz de persuasión, ya que las emociones de la gente son a menudo más poderosas que la razón. Sin embargo, para ser justos, hay que señalar que el uso de tácticas para evocar emociones es una habilidad importante. Sin una apelación a las emociones a menudo es difícil conseguir que la gente tome medidas o rinda al máximo.

Ejemplo:

"Las líneas eléctricas de alto voltaje causan cáncer. Conocí a un pequeño niño que vivió a solo 30 kilómetros de una línea de alto voltaje, y me dijo con su voz débil 'Por favor haz todo lo que puedas para que ningún otro niño tenga que vivir tan cerca de una torre de alta tensión'. Es por eso que les pido que voten por

anular este proyecto de ley sobre las líneas eléctricas y que sean reemplazadas por monos en cintas de correr."

En este argumento queda claro que no se está presentando ningún tipo de evidencia. Todo lo que hace es evocar la imagen de un pequeño niño débil y relacionarlo con el cáncer, pero esto no tiene nada que ver con la conclusión.

FALACIAS DE PREMISAS INACEPTABLES

Las falacias de premisas inaceptables intentan introducir premisas que, si bien pueden ser relevantes, no apoyan la conclusión del argumento. Por ejemplo, cuando alguien hace una pregunta y asumen como premisa lo mismo que están tratando de probar como conclusión. Por ejemplo:

Arthur: *"Dios existe"*.
Bárbara: *"¿Cómo lo sabes?"*
Arthur: *"Porque lo dice en la Biblia"*.
Bárbara: *"¿Cómo sabes lo que dice la Biblia es verdad?"*
Arthur: *"Porque la Biblia fue divinamente inspirada y todo lo que dice es verdad. La Biblia sólo podría ser divinamente inspirada si Dios existiera"*.

En el ejemplo anterior se asume como verdadero lo mismo que se está intentando probar.

Falso dilema o falsa dicotomía

Ocurre cuando un argumento presenta dos opciones y se plantea de tal forma que da la impresión de que sólo una de esas opciones puede ser cierta, nunca ambas, y que no hay otras opciones posibles. Por ejemplo:

"Este edificio se encuentra en mal estado. O lo demolemos y construimos un nuevo edificio, o seguimos arriesgando la seguridad de los estudiantes. Obviamente no deberíamos arriesgar la seguridad de nadie, así que debemos demoler el edificio."

El argumento no menciona la posibilidad de que podamos reparar el edificio o encontrar alguna manera de proteger a los estudiantes de los riesgos en cuestión, por ejemplo, si sólo unas pocas habitaciones están en mal estado tal vez no debemos celebrar clases en esas habitaciones.

Consejo:

Examina tus propios argumentos. Si estás diciendo que tenemos que elegir entre sólo dos opciones, ¿Es realmente así? ¿O hay otras alternativas que no se han mencionado? Si hay otras alternativas, no las ignores, sino que explica por qué deben ser descartadas.

La falla de la pendiente resbaladiza

En esta falacia el argumentador afirma que una especie de reacción en cadena por lo general termina en alguna consecuencia grave, pero en realidad no hay suficiente evidencia para esa suposición. En otras palabras, el argumentador afirma que si damos un solo paso en la "pendiente resbaladiza", terminaremos deslizando por todo el camino hasta el fondo sin poder detenernos a medio camino.

Ejemplo:

"La experimentación animal reduce nuestro respeto a la vida. Si no respetamos la vida, seremos cada vez más tolerantes hacia actos violentos como la guerra y el asesinato. Pronto nuestra sociedad se convertirá en un campo de batalla en el que todos

temerán constantemente por sus vidas. Será el final de la civilización como la conocemos. Para evitar esta terrible consecuencia, debemos terminar con los experimentos en animales ahora mismo."

Incluso si creemos que la experimentación con animales reduce el respeto por la vida y nos hace más tolerantes a la violencia, aún es posible que nos detengamos en algún momento antes de llegar hasta el final de la civilización. En este argumento no se han dado suficientes razones para aceptar la conclusión del argumentador de que debemos terminar con la experimentación animal ahora mismo.

Consejo:

Comprueba las cadenas de consecuencias en tus argumentos, en las que dices "si A, entonces B, y si B, entonces C", y así sucesivamente. Asegúrate de que estas cadenas son razonables.

Analogía débil

Esta falacia también se conoce como argumento falaz analógico, y se produce cuando un argumento basado en analogías no es lo suficientemente fuerte como para apoyar adecuadamente su conclusión. La falacia se produce no por la forma, sino porque el argumento específico no cumple con las condiciones de un argumento analógico fuerte.

Estrictamente hablando, un argumento analógico debe tener tres premisas y una conclusión. Las dos primeras premisas (intentan) establecer la analogía al mostrar que las cosas en cuestión son similares en algunos aspectos. La tercera premisa establece un aspecto adicional sobre una de las cosas y la conclusión afirma que debido a que las dos cosas son iguales en algunos aspectos, también son similares en este aspecto adicional.

A pesar de que la gente presenta sus argumentos analógicos de una manera bastante informal, en general tienen la siguiente forma lógica:

1) Premisa 1: X tiene propiedades P, Q y R.
2) Premisa 2: Y tiene propiedades P, Q y R.
3) Premisa 3: X también tiene la propiedad Z.
4) Conclusión: Y también debe tener la propiedad Z.

X e Y son variables que representan lo que está en comparación (por ejemplo, chimpancés y seres humanos). P, Q, R, y Z también son variables, pero que representan propiedades o cualidades (tales como tener un corazón). El uso de tres propiedades (P, Q, y R) es sólo por el bien de la explicación, pero las cosas que se comparan podrían tener muchas más propiedades en común.

El siguiente es un ejemplo de un argumento analógico no falaz presentado en forma estricta:

Premisa 1: Las ratas son mamíferos y poseen un sistema nervioso que incluye un cerebro desarrollado.

Premisa 2: Los seres humanos son mamíferos y poseen un sistema nervioso que incluye un cerebro desarrollado.

Premisa 3: Cuando fueron expuestas al agente nervioso 274, el 90% de las ratas murieron.

Conclusión: El 90% de los seres humanos morirán si se exponen al agente nervioso 274.

La fuerza de un argumento analógico depende de tres factores. Si un argumento analógico no cumple con estos estándares, entonces es débil. Si es lo suficientemente débil, entonces se podría considerar falaz. No hay un punto exacto en el que un argumento analógico se convierte en falaz, sin embargo, las normas proporcionan una base para hacer esta evaluación.

En primer lugar, mientras más propiedades hayan en común, mejor es el argumento. Sin embargo, aunque dos cosas sean muy parecidas en muchos aspectos, todavía existe la posibilidad de que no sean iguales en lo que respecta a propiedad en cuestión. A esto se debe el por qué los argumentos analógicos son inductivos.

En segundo lugar, mientras más relevantes sean las propiedades comunes a la propiedad en cuestión, más fuerte será el argumento. Una propiedad específica, por ejemplo P, es relevante a la propiedad Z si la presencia o ausencia de P afecta a la probabilidad de que Z esté presente. Usando el ejemplo anterior de ratas y seres humanos, las propiedades compartidas son relevantes (mamíferos con sistema nervioso que incluye un cerebro desarrollado). Después de todo, los agentes nerviosos funcionan sobre el sistema nervioso, por lo que la presencia de un sistema nervioso hace que sea más probable que el agente produzca el mismo efecto en ratas y humanos.

En tercer lugar, debe determinarse si X e Y tienen diferencias relevantes. Mientras más relevantes sean esas diferencias, más débil será el argumento. En el ejemplo anterior, los seres humanos y ratas tienen bastantes diferencias, pero la mayoría de estas diferencias probablemente no son relevantes a los efectos de los agentes nerviosos. De todos modos, valdría la pena considerar que la diferencia de tamaño podría ser relevante, ya que con la misma dosis que recibieron las ratas, los seres humanos podrían ser menos propensos a morir.

Ejemplo:

"Las armas son como martillos. Ambas son herramientas con piezas de metal que se podrían utilizar para matar a alguien. Sin embargo, sería ridículo restringir la compra de martillos, por lo que las restricciones a la compra de armas son igualmente ridículas."

Aunque las armas y los martillos comparten ciertas

características, estas características (tener partes metálicas, ser herramientas, y ser potencialmente útiles para la violencia) no son relevantes para decidir si restringir las armas. Por el contrario, restringimos las armas porque su función principal es matar a distancia. Esta es una característica que los martillos no comparten. Así que se trata de una analogía débil, y el argumento es falaz.

Si lo piensas bien, podrías hacer una analogía de algún tipo entre casi cualquier cosa en el mundo, así que el mero hecho de que puedas trazar una analogía entre dos cosas no prueba mucho por sí mismo.

Ejemplo:

"El flujo de electricidad través de los cables es como el flujo de agua a través de las tuberías. El agua fluye más rápido cuesta abajo, así que la electricidad también lo hace, y esa debe ser la razón de por qué las líneas eléctricas están en altura."

Uso intencional:

La falacia analógica es devastadoramente efectiva en un debate cuando se usa en contra de la persona que produjo la analogía. Todos usamos analogías de todo tipo, y lo único que tienes que hacer es esperar a que tu oponente use una, y continuar usándola de una forma más favorable para tu propia línea de argumentos. Con un poco de habilidad, tu oponente se verá forzado a admitir que su propia analogía no fue muy buena y su argumento se debilitará. Por ejemplo:

Presidente: *"Al navegar en nuestro nuevo comité, les puedo expresar mi esperanza de que tengamos un viaje tranquilo y armonioso todos juntos."*

Empleado: *"Tiene razón señor presidente. Pero recuerde que los remeros por lo general eran encadenados y azotados. Y si el barco se hundía, los remeros se hundían con él. Esto tiene que cambiar."*

En las organizaciones y empresas es muy común que se usen analogías a las familias para evocar un sentimiento de confianza y tranquilidad, pero esta misma analogía te permitiría argumentar casi cualquier cosa, incluyendo regalar dinero a los miembros de la familia o castigar a los hijos traviesos.

Apelar a la falacia

Se comete esta falacia cuando se infiere que un argumento es falso simplemente porque contiene una falacia. Por ejemplo:

Karen: *"Lo siento, pero si crees que los hombres solían montar en dinosaurios, entonces obviamente no estás bien educado."*

Carlos: *"En primer lugar, yo tengo un PhD en ciencias de la creación, así que soy una persona muy bien educada. En segundo lugar, tu ataque ad hominem demuestra que estás equivocada, y por lo tanto, los hombres solían montar en dinosaurios."*

Karen: *"Obtener un PhD durante un fin de semana en un 'curso' dictado en un estacionamiento no es precisamente sinónimo o garantía de buena educación, y por otro lado, mi falacia de ninguna manera es evidencia de que los hombres montaron en dinosaurios. Y finalmente, independiente de lo que puedas creer, los picapiedras (Flintstone's) no eran un documental."*

Es evidente que la falacia ad hominem de Karen no tiene ninguna relación con la veracidad del argumento que los hombres montaban en dinosaurios.

FALACIAS FORMALES

La tercera categoría de falacias son las falacias formales. Algunos argumentos son falaces no por su contenido, sino por su forma o estructura lógica. Cualquier argumento con estas formas o estructuras será inválido, sin importar el contenido que pongamos en ellos.

A continuación veremos las dos falacias formales más comunes.

Afirmando el consecuente

Esta falacia es cometida por las personas que creen que cuando se trata de lógica, el orden de los factores no altera el producto. En términos coloquiales, esta falacia es cometida por quienes "confunden los caballos con la carreta", o por quienes ignoran que "hay varias formas de matar un gato". Esto quedará más claro a continuación.

En una construcción del tipo *"si, entonces"*, la parte del *"si"* es el antecedente, y la parte del *"entonces"* es el consecuente. Lo correcto es afirmar el antecedente para probar el consecuente, pero no viceversa. Por ejemplo:

"Si lanzo un huevo, el huevo se rompe. El huevo está roto, así que lo debí lanzar."

El autor de esta declaración cometió una falacia al afirmar el consecuente ("*el huevo está roto*") para probar el antecedente ("*lancé el huevo*"). Afirmar el consecuente es falacioso porque un evento puede ser producido por diferentes causas. En el ejemplo, hay muchas otras razones por las que un huevo puede estar roto (otra persona lo lanzó, se le cayó a alguien, la gallina lo rompió, etc.).

Los juzgados están llenos de ejemplos de esta falacia debido a las evidencias circunstanciales. Cuando no hay testimonios de testigos, se apela las acciones conocidas que podrían haber causado el delito, por ejemplo: *"Si mi cliente hubiera planificado el asesinato, habría incrementado la póliza de seguros de su esposa. Sin embargo, no incrementó la póliza de seguros."*

Ejemplo:

Homero Simpson, preocupado por el problema inexistente de la presencia de osos en su ciudad, establece una patrulla de osos. Con el paso de los días observa con satisfacción: *"No hay ningún oso a la vista. La patrulla contra osos funciona de maravillas."*

El problema con el razonamiento de Homero es que la creación de la patrulla de osos no explica la verdadera razón de por qué no hay osos en la ciudad.

La defensa en contra de este tipo de falacias consiste simplemente en señalar la falacia usando algún ejemplo que demuestre la invalidez de este argumento.

En el caso de la patrulla de osos, Lisa Simpson usa el siguiente ejemplo paralelo para mostrar que el razonamiento de Homero está mal: *"Esta roca es repelente de tigres y funciona muy bien. Mira alrededor, no hay ningún tigre."* Por supuesto, Homero no reconoce que esto también es una falacia, y termina comprando la roca a Lisa.

Uso intencional:

En un debate, esta es una falacia muy útil cuando quieres imputar motivos a alguien, especialmente cuando esos motivos no se muestran, pero las acciones se asocian a esos motivos. Por ejemplo: *"Ella es una trepadora y rompe hogares. Ese tipo de mujeres siempre usa vestidos cortos para atraer hombres, igual que ella."*

Negando el antecedente

Al igual que con la falacia "afirmando el consecuente", la falacia "negando el antecedente" la cometen aquellas personas a las que no les importa si su cerebro funciona hacia atrás o hacia adelante. Esta falacia no admite la posibilidad de que distintos eventos puedan producir resultados similares.

Esta es una falacia lógica formal con la forma estándar "si, entonces", y en la cual el antecedente (lo que viene después del "si") es no verdadero, entonces se concluye que el consecuente (lo que viene después del "entonces") es no verdadero. Por ejemplo:

"Si como demasiado, seré gordo. Ya que no como demasiado, no seré gordo."

Esto es una falacia, ya que no estamos considerando que pueden existir otros eventos que pueden causar el mismo resultado, incluso aunque no ocurra el evento al que se hace referencia. En el ejemplo, una persona puede engordar debido a otros problemas de salud.

Ejemplo:
"Si ladra, entonces es un perro."
"Este no ladra."

"Entonces no es un perro."

Este tipo de falacias pueden ser muy engañosas. Incluso aunque la conclusión fuera válida, el argumento sigue siendo inválido, ya que si no ladra no podemos concluir con certidumbre que no sea un perro (podría ser un perro que está durmiendo, o un perro que no puede ladrar).

Observa que esta es una falacia formal y el argumento es inválido porque la veracidad de las premisas no garantiza la veracidad de la conclusión.

Veamos otro ejemplo:

"Si tengo televisión por cable, entonces he visto Breaking Bad."

"No tengo televisión por cable."

"Por lo tanto, nunca he visto Breaking Bad."

Esta falacia es más obvia que el primer ejemplo. Negar el antecedente (decir que no tengo cable) no significa que debemos negar el consecuente (que no he visto Breaking Bad).

SIGUIENTE PASO

Ya hemos discutido algunos de los obstáculos psicológicos más profundamente arraigados para el pensamiento crítico y las falacias presentadas aquí tienden a ser los obstáculos psicológicos más directos que enfrentarás para un razonamiento efectivo.

Si prestas un poco de atención comenzarás a detectar falacias en todas partes, y este conocimiento te ayudará a sacar el máximo provecho del siguiente capítulo en que aprenderemos una técnica para analizar argumentos.

4

CÓMO ANALIZAR ARGUMENTOS COMO UN GENIO

La teoría de la argumentación es una rama de la filosofía llamada "epistemología", que se refiere al estudio filosófico del conocimiento, y se intersecta con otro sub-campo llamado teoría de la racionalidad, que hace referencia a pensar y actuar racionalmente. Como podrás sospechar, al intentar estudiar estos temas te puedes encontrar con una gran pared de conocimiento abstracto y sin aplicación directa, pero en este libro te prometo mantener las cosas tan útiles y prácticas como sea posible.

En este capítulo te enseñaré a desarrollar tu habilidad para evaluar si los argumentos son buenos o malos, por lo que primero necesitamos saber qué es un argumento y cómo reconocerlo.

Aviso: Comenzaremos con los conceptos básicos que necesitas para evaluar cualquier tipo de argumento, y culminaremos con un proceso práctico para evaluar argumentos fácilmente. Si lo deseas, te recomiendo que te adelantes a la sección titulada "<u>Proceso de 4 pasos para evaluar cualquier argumento</u>" para que te hagas una idea de qué se trata, y luego regreses aquí para revisar los conceptos.

QUÉ ES UN ARGUMENTO

Un argumento es un conjunto de frases que tienen por objetivo proporcionar buenas razones para aceptar una conclusión. El análisis de argumentos es simplemente una manera de describir la forma en que las razones o evidencias apoyan a las creencias. Esta es la noción fundamental en el pensamiento crítico. En este capítulo te ayudaré a:

- Distinguir entre declaraciones y no declaraciones.
- Distinguir entre argumentos y no argumentos.
- Identificar las premisas y la conclusión de un argumento.
- Descubrir las partes faltantes de un argumento.
- Reconstruir argumentos en su forma estándar.
- Y lo más importante: Evaluar si un argumento es bueno o malo.

Como ya sabemos, cuando alguien está tratando de convencerte de algo, no deberías creer ciegamente en lo que dice (independiente de quién se trate), sino que deberías preguntarte ¿Qué razones me está dando esta persona para creer en eso? El conjunto de estas razones son lo que llamamos un argumento. Dicho de otra forma, un argumento es una forma de expresar y presentar un punto de vista mediante una colección de declaraciones, una de las cuales es la conclusión, la que es apoyada por las otras declaraciones llamadas premisas.

El enfoque principal de este capítulo es aprender a evaluar argumentos, pero antes necesitamos dominar algunos conceptos clave. Eso es lo que haremos a continuación.

¿Qué son las declaraciones?

Para poder identificar qué es una declaración, primero veamos algunos ejemplos de declaraciones y no declaraciones.

Declaraciones:

- *Los trenes siempre llegan tarde.*
- *El consumo de alcohol es una de las principales causas de accidentes automovilísticos.*
- *Me gustan los plátanos porque no son ácidos como las naranjas.*

No declaraciones:

- *¡Gracias por comprar mi libro!*
- *¿Cómo puedo dejar de beber alcohol?*
- *Cuando llegues a la esquina, dobla a la derecha, camina 50 pasos y detente.*

Entonces, ¿Qué hace que algo sea una declaración? Por

definición, una declaración es un tipo de oración que puede ser verdadera o falsa. Bastante sencillo ¿No es así?

Ten en cuenta que algo puede ser una declaración aunque no sepamos si es verdadero o falso. Todo lo que importa es que las declaraciones son el tipo de cosas que pueden ser verdaderas o falsas. Por ejemplo:

"Ivanova Pablov, una famosa artista rusa, está comiendo filete de vacuno y papas fritas en este mismo momento".

¿Verdadero o falso? No lo sé. Pero es el tipo de oración que puede ser verdadera o falsa, por lo tanto es una declaración.

Veamos otro ejemplo:

"Vero forma parte de Promina".

No tengo ni idea de lo que son Vero o Promina, pero la oración expresa algo que puede ser verdadero o falso, por lo que es una declaración.

Preguntas e instrucciones

En la lista de no declaraciones también tenemos preguntas e instrucciones, y no tiene sentido responder con verdadero o falso, por lo tanto no son declaraciones. Por ejemplo:

"Si los humanos evolucionaron de los monos, ¿Por qué todavía tenemos monos?"

La pregunta no expresa algo que puede ser verdadero o falso. No tiene sentido responder "verdadero" o "falso". No es una declaración. Sin embargo, observa que la primera parte de la oración es una declaración: *"Los seres humanos evolucionaron de los monos".*

Entonces ¿Qué son los argumentos?

Usemos lo que ahora sabemos para refinar la definición de un argumento. Un argumento es un grupo de declaraciones, algunas de las cuales, llamadas premisas, se ofrecen en apoyo de otra declaración llamada conclusión.

Veamos un argumento muy simple:

"Simón conducía su automóvil a exceso de velocidad. No tenía motivos para superar el límite de velocidad y además estaba intoxicado con alcohol. Por lo tanto, Simón estaba violando la ley".

En este argumento podemos aislar fácilmente la conclusión:

- *"Simón estaba violando la ley".*

Todas las demás declaraciones son premisas:

- *"Simón conducía su automóvil a exceso de velocidad".*
- *"Simón no tenía motivos para conducir superar el límite de velocidad".*
- *"Simón estaba intoxicado con alcohol".*

Observa que no incluimos las palabras *"por lo tanto"* en la conclusión. Las palabras *"por lo tanto"* son lo que llamamos un indicador de conclusión, pero no son parte de la declaración que forma la conclusión. Es muy común usar indicadores para destacar las partes de un argumento, y aquí tienes una lista con los indicadores más comunes.

Indicadores de conclusión:

- Por lo tanto
- Así que
- Consecuentemente
- Consiguientemente
- En consecuencia

Indicadores de premisas:

- Porque
- Ya que
- Suponiendo que
- Asumiendo que
- Dado que

Cuando se dan argumentos en la vida cotidiana no siempre se presentan de una manera tan clara y no necesariamente se expresan con indicadores de premisas y de conclusiones, por lo que a menudo parecen muy desordenados y tendrás que hacer un esfuerzo para identificar sus partes... Y generalmente es algo difícil de hacer. Debido a esto, antes de analizar un argumento, se acostumbra a representarlo en su forma estándar.

¿Qué es la forma estándar de un argumento?

La forma estándar de un argumento es una manera especial de presentar el argumento que deja en claro cuales declaraciones son las premisas, cuántas premisas hay y cual declaración es la conclusión. Tradicionalmente, cuando escribimos un argumento en su forma estándar la conclusión se escribe al final.

Un argumento en forma estándar se representa así:

P1: Premisa 1

P2: Premisa 2

P3: Premisa 3

Y así sucesivamente con tantas premisas como haya en el argumento.

C: Conclusión

Veamos un ejemplo:

"Estoy con licencia médica esta semana. Nunca respondo los correos electrónicos de trabajo cuando estoy con licencia. Por lo

tanto, no estoy contestando los correos electrónicos del trabajo esta semana".

P1: *Estoy con licencia médica esta semana.*

P2: *Nunca respondo los correos electrónicos de trabajo cuando estoy con licencia.*

C: *No estoy contestando a los correos electrónicos del trabajo esta semana.*

Ahora veamos un ejemplo de la vida real extraído de un video de YouTube. Para este ejemplo he cambiado el nombre para proteger la identidad del autor original.

"Hola. Soy Rafael. Soy el autor del libro 'Viviendo una vida mejor' y estoy aquí para decirte mis tres principales razones para convertirse en vegano. Los animales que son producto de la ganadería pasan toda su vida en condiciones miserables hasta el día de su sacrificio. La mayoría nunca siente el calor del sol, ni respira aire fresco hasta el día en que son cargados en camiones con destino a los mataderos. Su sufrimiento es inimaginable. Los animales son tratados cruelmente.

Ahora, podrás pensar que está bien comer huevos de gallina, porque después de todo, no es necesario sacrificar a las gallinas. ¡Incorrecto! A las gallinas les cortan sus picos con una cuchilla caliente y sin anestesia. El hecho es que los huevos que comes provienen de gallinas que son cruelmente maltratadas. Todo este sufrimiento únicamente para que podamos disfrutar de tocino y huevos.

Otras personas dirán 'Pero yo sólo como pescado'. Bueno, eso tampoco es muy diferente. El problema es que la pesca comercial está destruyendo y vaciando nuestros océanos, y el resultado de esta actividad es que hemos exterminado el 90% de las grandes poblaciones de peces en los últimos 50 años".

Para poner este argumento en su forma estándar tenemos que aislar las declaraciones que forman la conclusión y las premisas. La conclusión aquí se declaró explícitamente: "Debes ser vegano."

Rafael también anunció que tenía tres razones para apoyar su conclusión, pero al parecer nos ha dado muchas más de tres... ¿O no?... Veamos. Intentemos aislar las tres premisas principales.

La primera premisa se refiere a la ganadería y al maltrato de los animales. Rafael dio cierta información contextual sobre la ganadería y proporcionó razones adicionales para creer que la ganadería es cruel con los animales. Por lo tanto, la primera razón para apoyar su conclusión es *"Los animales de ganadería son maltratados."*

La segunda premisa se refiere a los huevos y al hecho de que provienen de gallinas que también son maltratadas. Una vez más, Rafael proporcionó razones adicionales por las que debes creer esto. Por lo tanto, la segunda razón para apoyar su conclusión es *"Los huevos provienen de gallinas que son tratadas cruelmente"*.

Para la tercera y última razón volvemos a tener el mismo patrón. Rafael habló sobre el impacto de la pesca comercial en los océanos y respaldó la declaración con razones adicionales. Pero la razón principal que apoya directamente la conclusión que debes ser vegano es *"La pesca comercial está destruyendo y vaciando nuestros océanos"*.

Ahora tenemos nuestras tres premisas y nuestra conclusión, así que ahora podemos poner el argumento en su forma estándar.

Premisa 1: *Los animales producto de la ganadería son tratados cruelmente.*

Premisa 2: *Los huevos provienen de gallinas que son cruelmente maltratadas.*

Premisa 3: *La pesca comercial está destruyendo y vaciando nuestros océanos.*

Conclusión: *Deberías ser vegano.*

Llamaremos a esto el argumento principal. Como hemos visto, Rafael dio razones para creer en cada una de las premisas (válidas o no, en este momento no importa), y las podemos llamar sub-argumentos. Ahora que hemos aislado el argumento principal, el siguiente paso sería analizar cada sub-argumento y ponerlos en su forma estándar. Te pido que hagas esto como un ejercicio siguiendo el mismo patrón. Seguiremos hablando de esto más tarde.

Argumentos con partes faltantes

A veces cuando la gente te da argumentos omite algunas partes. Esto se puede deber a que esas partes son cosas que todos sabemos, o tal vez están implícitas en las otras partes del argumento.

Veamos un ejemplo. Este es un argumento con partes faltantes tomado de una canción:

"Todo el mundo ama a un ganador, así que nadie me ama".

Una premisa es *"Todo el mundo ama a un ganador"* y la conclusión es *"nadie me ama"*, pero falta una premisa que se encuentra implícita: *"No soy un ganador".*

Cuando la parte faltante de un argumento es una premisa, llamamos a esa declaración una *"premisa suprimida"*. El argumento en su forma estándar, incluyendo la premisa suprimida sería:

P1: Todo el mundo ama a un ganador.
P2: [No soy un ganador.]
C: Nadie me ama.

Observa que ponemos la segunda premisa entre paréntesis para indicar que se trata de una premisa suprimida.

Por otro lado, a veces la parte faltante de un argumento es la conclusión, y en este caso decimos que el argumento tiene una conclusión suprimida (Sé que suena obvio, pero es necesario ser especifico). Por ejemplo:

"Recientemente, mientras estaba de vacaciones en Escocia, pensé que vi al monstruo del lago Ness. Resulta que la mayoría de los avistamientos del monstruo del lago Ness solo se tratan de personas que han confundido troncos con otras cosas".

¿Cuál crees que es la conclusión?

"No vi al monstruo del lago Ness".

Podrías haber sentido la tentación de decir *"el monstruo del lago Ness no existe"*, pero eso no estaría bien, ya que las premisas no parecen proporcionar suficientes razones para asumir esa conclusión.

En su forma estándar el argumento se ve así:

P1: *Mientras estaba de vacaciones en Escocia, pensé que vi al monstruo del lago Ness.*

P2: *La mayoría de los avistamientos del monstruo del lago Ness solo se tratan de personas que han confundido troncos con otras cosas.*

C: *[No vi al monstruo del lago Ness.]*

Ponemos la conclusión entre paréntesis para indicar que se trata de una conclusión suprimida.

Debes tener cuidado al formular la conclusión suprimida, ya que necesitas encontrar una conclusión que coincida con las premisas. No quieres asumir una conclusión que no sea apoyada por las premisas.

¿Y QUÉ NO ES UN ARGUMENTO?

Puedes pensar en los argumentos como formas de recolectar información y adquirir nuevas creencias, pero la información no siempre se da en forma de argumentos. Es posible que estés leyendo algún artículo de opinión en los periódicos, o tal vez estés escuchando una conversación en la radio, o estés hablando con tus amigos sobre algún tema de interés, pero en realidad no se está tratando de llegar a ninguna conclusión usando un argumento. A veces las personas simplemente afirman sus creencias sin dar razones para justificarlas y todo lo que hacen es decir lo que creen. Sin embargo, debes tener claro que decir tus creencias no es equivalente a dar un argumento.

Hay cosas que pueden parecer argumentos, pero en realidad son mal interpretadas, ya que solo se trata de explicaciones, consejos, informes, instrucciones, etc. Revisemos algunos casos.

Explicaciones

Una explicación es una declaración o recopilación de declaraciones que afirman por qué ocurrió algo o cómo es algo. Al igual que los argumentos, las explicaciones se presentan típicamente como colecciones de declaraciones. Sin embargo, en las explicaciones las declaraciones no se presentan como razones para creer en otras declaraciones.

Veamos un ejemplo:

"El 2014 publiqué un nuevo libro productividad, y negocié con un editor local un descuento especial para mis estudiantes. Se acordó que el libro costaría $30 para los estudiantes de mi curso, pero se lo estaban vendiendo en $50. Cuando los estudiantes se quejaron del precio, llamé al editor. Finalmente comprendí lo que pasó: el libro estaba más caro porque la persona con la que habíamos hecho el acuerdo había dejado la empresa y el nuevo empleado no era consciente del acuerdo. En algún momento el acuerdo se perdió y por eso no recibimos el descuento".

En este caso estoy dando una explicación a mis estudiantes para que comprendan el por qué del aumento de precio del libro y no estoy tratando de convencerlos de que el libro debería ser vendido a $50.

Consejos

Al igual que las explicaciones, los consejos no son argumentos, ni siquiera cuando se expresan como una colección de declaraciones.

Supongamos que Verónica dice:

"Para deshacerte de las pulgas de tu perro puedes rociarlo con vinagre".

Con este consejo Verónica no está tratando de convencernos de rociar a nuestros perros con vinagre (¡No lo intentes, no funciona!). Sólo está dándonos una alternativa para tratar de deshacernos de las pulgas.

Instrucciones

Las instrucciones tampoco son argumentos. Piensa en las instrucciones para hacer un pastel. Tomas harina, luego pones un huevo, luego la leche, lo pones en el horno, y finalmente tienes un pastel. Las instrucciones no proporcionan razones para nada, no están tratando de convencernos de nada y no tienen conclusiones, por lo tanto, no son argumentos.

RESUMEN

Entonces, ¿Qué hemos aprendido hasta ahora?

Hemos definido un argumento como un grupo de declaraciones, algunas de las cuales (las premisas) se ofrecen en apoyo de otras declaraciones (las conclusiones). Muy a menudo los argumentos pueden presentarse torpemente, con falta de información, con movimientos retóricos, reiteraciones y sub-argumentos. Es por eso que hemos aprendido a poner los argumentos en su forma estándar.

Poner un argumento en su forma estándar puede ser una tarea difícil, pero espero que veas la importancia de tener una manera sistemática de presentar argumentos. Cuando tengas que evaluar un argumento, siempre tu primera tarea será ponerlo en su forma estándar e identificar los sub-argumentos (si es que existen).

Ahora que tienes este conocimiento aprenderemos algo de lógica y luego veremos un proceso paso a paso pasa evaluar los argumentos para decir si los argumentos son buenos o malos, pero antes te propongo realizar los siguientes ejercicios para verificar tus conocimientos (Al final del libro encontrarás las respuestas a las preguntas de los ejercicios).

EJERCICIOS

Encontrarás las respuestas a estos ejercicios al final del libro.

4.1 ¿Puedes decir cuáles de estas oraciones son declaraciones?

1. *Solo déjalos en el baño y los limpiaré el miércoles por la tarde.*
2. *Me gustan tus zapatos.*
3. *Sí, pero ¿Cómo podemos estar seguros?*
4. *La mecánica clásica es un modelo de la física para explicar las fuerzas que actúan sobre los cuerpos.*
5. *Buenos días, director.*
6. *El éxito es la causa de su propia autodestrucción.*
7. *En el mundo sólo el 5% de las personas mayores de 20 años pueden localizar a Tombuctú en un mapa.*
8. *El fútbol es un deporte más entretenido que el rugby.*
9. *La palabra "otoño" significa "caída".*
10. *Haz por lo menos un ejercicio del libro cada día.*
11. *¿Sabías que no hay canguros en Nueva Zelanda?*
12. *Rusia no tiene serpientes.*

4.2 ¿Puedes identificar la conclusión en este argumento?

"Las sociedades antidemocráticas matan al espíritu humano. La razón es clara: a menos que el pueblo tenga el poder en su sociedad, el espíritu humano se marchita".

1. Las sociedades antidemocráticas matan al espíritu humano.
2. A menos que el pueblo tenga el poder en su sociedad, el espíritu humano se marchita.
3. El espíritu se marchita.
4. El pueblo tiene el poder en su sociedad.

4.3 ¿Puedes identificar todas las premisas en este argumento?

"Nos guste o no, el Primer Ministro es increíblemente popular. La mayoría de los ciudadanos piensa que está haciendo un buen trabajo. No puedes discutir con la opinión pública. Por lo tanto, el Primer Ministro está haciendo un buen trabajo".

4.4 ¿Puedes identificar todas las premisas en este argumento?

"¡Seguros anti siniestros! ¿Quién lo necesita? Si sufres una pérdida contra la cual estás asegurado, incluso si te lo pagan no te devolverán lo que perdiste. Y si no sufres la pérdida contra la cual estabas asegurado, entonces tiraste el dinero a la basura".

LOS 2 TIPOS DE ARGUMENTOS

¿Sabías que los argumentos pueden ser buenos lógicamente, aunque las declaraciones que los forman sean una basura? ¿Cómo puede ocurrir esto? En este capítulo aprenderemos un poco de lógica, pero no te preocupes, será sólo lo esencial para que puedas usar este conocimiento en tu vida diaria. Empecemos entonces...

No todos los argumentos se ofrecen con la misma intención. A veces se ofrecen para demostrar que algo es absolutamente cierto y otras veces se ofrecen para demostrar que algo probablemente es cierto, pero antes de que puedas evaluar si las premisas de un argumento proporcionan el apoyo apropiado para justificar la conclusión, necesitas decidir qué criterios usar en tu evaluación, y esto depende de si tienes un argumento deductivo o un argumento no deductivo.

Los argumentos deductivos exitosos proporcionan un apoyo definitivo y decisivo para sus conclusiones, mientras que los argumentos no deductivos exitosos, en el mejor de los casos dan un apoyo probable, pero no decisivo a sus conclusiones. A continuación veremos más detalles de estos dos tipos de argumentos, y posteriormente aprenderemos a evaluar si un argumento es bueno o malo.

Argumentos deductivos

Un argumento deductivo es un argumento por el cual se ofrecen las premisas para proporcionar un apoyo lógicamente decisivo para su conclusión. Si un argumento deductivo logra dar un apoyo decisivo a su conclusión, sería absurdo o imposible que las premisas fueran verdaderas y la conclusión falsa.

Hay frases que la gente suele usar inconscientemente en sus argumentos para indicar que son deductivos. Por ejemplo:

- Esto implica necesariamente que...
- Sigue lógicamente que...
- Absolutamente, necesariamente, o ciertamente...

Los científicos y matemáticos por lo general utilizan este estilo de razonamiento proporcionando argumentos deductivos para sus puntos de vista. Sin embargo, en la vida cotidiana no siempre se pueden crear buenos argumentos deductivos y ahí es donde entran en juego argumentos no deductivos.

Argumentos no deductivos

Un argumento no deductivo es un argumento por el cual se ofrecen las premisas para proporcionar un apoyo probable, pero no decisivo a sus conclusiones. En un buen argumento no deductivo, si las premisas son todas verdaderas, podrías esperar razonablemente que la conclusión también fuera verdadera, aunque aceptarías que pueda ser falsa.

Puedes pensar en los argumentos no deductivos en términos de apuestas. Si las premisas de un buen argumento no deductivo son verdaderas, entonces estarías feliz de apostar a que la conclusión también será verdadera. El argumento te habría proporcionado la confianza de que tu apuesta es sensata, pero puesto que sigue siendo una apuesta, aceptarías que la conclusión puede resultar falsa y puedes perder. Por ejemplo: *"Hoy está nublado, por lo que hay una alta probabilidad de que llueva"*. Este es un argumento no deductivo.

Ahora, toda esta discusión plantea una pregunta más: ¿Cómo decidiremos si los argumentos son deductivos o no deductivos?

No es tan simple responder a esta pregunta, ya que la respuesta varía con el contexto. Por ejemplo, los matemáticos sólo aceptan argumentos deductivos, pero en una corte de justicia no podemos esperar solo argumentos deductivos (sería demasiado exigente y casi nunca seríamos capaces de poner a los criminales en la cárcel) y tenemos que encontrar el equilibrio adecuado, ya que tampoco queremos que sea demasiado fácil poner a la gente en la cárcel.

Adicionalmente, la mayoría de las personas no son conscientes de la distinción entre argumentos deductivos y no deductivos, y pueden tratar de probar las cosas deductivamente cuando un argumento no deductivo sería mucho más adecuado. Por lo tanto, ante la duda se recomienda que trates el argumento como no deductivo.

Ahora comenzaremos a evaluar los argumentos. Primero necesitamos saber si el argumento es válido o fuerte, luego si es sólido o convincente, y finalmente decidiremos si el argumento es bueno o malo. A continuación veremos cómo determinar la validez y la fuerza de los argumentos.

VALIDEZ Y FUERZA DE LOS ARGUMENTOS

El concepto de *"validez"* se aplica a los argumentos deductivos y de *"fuerza"* se aplica a los argumentos no deductivos. Veamos cada uno.

Argumentos deductivos y validez

Un argumento válido es un argumento deductivo que logra un apoyo lógico decisivo para su conclusión. Un argumento inválido es un argumento deductivo que falla en proporcionar un apoyo lógico decisivo para su conclusión.

Para argumentos deductivos hazte la siguiente pregunta: *"¿Las premisas proporcionan suficiente apoyo lógico para la conclusión?"* Es decir, *"¿Si las premisas son verdaderas, entonces la conclusión **siempre** será verdadera?"*

Si la respuesta es *"si"*, entonces el argumento es válido.

Si la respuesta es *"no"*, entonces el argumento es invalido (en cuyo caso podrías evaluar el argumento como si fuera no deductivo, si lo deseas).

Veamos el siguiente argumento deductivo:

"Si lanzas un dado, o cae en el numero 6 o no lo hace. Así que los dados tienen una probabilidad de 50% de caer en el número 6".

Este es un argumento inválido. ¿Cuál es la probabilidad

de que un dado caiga en 6? Hay seis caras y es probable que el dado caiga sobre cualquiera. Debido a que el numero 6 sólo se muestra en una cara, sólo hay una en seis posibilidades de que el dado caiga en 6. Y 1/6 es mucho menos del 50%. Así que la premisa del argumento es verdadera, pero la conclusión es falsa, por lo tanto el argumento es inválido.

Un punto importante que debemos reconocer es que los argumentos pueden ser válidos incluso si las premisas y conclusiones son absurdas o ridículas. Por ejemplo:

"Si hay un elefante púrpura en el pasillo, entonces yo soy un pavo gigante. Hay un elefante púrpura en el pasillo. Por lo tanto, soy un pavo gigante".

Este argumento es absurdo, pero es válido. Tienes que tener cuidado aquí. "Válido" no significa necesariamente bueno o malo. Simplemente significa que tiene éxito en establecer un apoyo lógico decisivo para su conclusión. Por supuesto, las premisas de este argumento son falsas, pero debes tener claro que determinar que un argumento es válido no es equivalente a decir que las premisas son verdaderas. Recuerda: La validez consiste en tener éxito en proporcionar un apoyo lógico decisivo a la conclusión.

Argumentos no deductivos y fuerza

Para los argumentos no deductivos, no hablamos de argumentos válidos e inválidos, sino que hablamos de argumentos fuertes y débiles.

Un argumento fuerte es un argumento no deductivo que logra proporcionar un apoyo lógico probable, pero no decisivo para su conclusión. Un argumento débil es un argumento no deductivo que no logra proporcionar un apoyo probable para su conclusión. Por lo tanto, si es poco probable que la conclusión sea verdadera cuando las premisas son verdaderas, entonces decimos que el argumento es débil.

Pero, ¿Cómo decidir si un argumento es fuerte o débil?

La respuesta a esta pregunta es contextual. Con esto quiero decir que tu estándar para evaluar un argumento varía dependiendo de la situación en la que te encuentres. Por ejemplo, tu estándar para evaluar la fortaleza de los argumentos debería ser muy estricto y exigente en una corte de justicia, a diferencia de si te encuentras en una fiesta con amigos. Necesitas ajustar tu estándar y nivel de exigencia dependiendo de la situación.

Veamos un ejemplo. ¿Este es un argumento fuerte o débil?

"El 97% de los vegetarianos son saludables. María es vegetariana. Por lo tanto, María probablemente está sana".

Por favor toma un minuto para pensar...

¿Listo?... Muy bien...

Si las premisas son verdaderas, ¿Cuáles son las probabilidades de que María esté sana? Hay un 97% de probabilidad de que María esté entre la población sana, y un 3% de probabilidad de que esté en la población no saludable. Así que si las premisas son verdaderas, es muy probable que la conclusión también sea verdadera y existe sólo una pequeña probabilidad de que sea falsa. Por lo tanto, este argumento es fuerte.

Veamos otro ejemplo:

"El padre de Jack es fontanero, así que el padre de Jack usa un vehículo".

La fortaleza de este argumento depende del contexto. Si yo estoy evaluando este argumento, debo considerar que en este momento estoy viviendo en una ciudad grande y creo que es bastante improbable que un fontanero arrastre su caja de herramientas por las calles y por el transporte público. Sin embargo, hace unos años estuve viviendo en un pequeño pueblo y la gente podía llegar caminando en poco tiempo a cualquier lugar. Por lo tanto, dependiendo del contexto este argumento será fuerte o débil.

Cómo demostrar que un argumento es inválido o débil

Recuerda que un argumento es válido si es imposible que las premisas sean verdaderas y la conclusión falsa, y es fuerte si es muy improbable que las premisas sean verdaderas y la conclusión falsa.

Así que, para demostrar que un argumento no es válido sólo necesitas encontrar un caso en el cual las premisas sean verdaderas y la conclusión falsa, mientras que para demostrar que es débil debes mostrar que es muy probable que las premisas sean verdaderas y la conclusión falsa. Para eso usamos lo contraejemplos.

Un contraejemplo es simplemente una situación que muestra que el argumento puede tener premisas verdaderas y una conclusión falsa.

Contraejemplos para argumentos deductivos

Si el argumento que se evalúa es deductivo, entonces podemos mostrar que es inválido y, por lo tanto un mal argumento, si podemos encontrar un contraejemplo.

Recordemos este ejemplo:

"Todo el mundo ama a un ganador, así que nadie me ama".

En su forma estándar el argumento se parece a esto (con la premisa suprimida):

P1: *Todo el mundo ama a un ganador.*

P2: *[Yo no soy un ganador.]*

C: *Nadie me ama.*

Pensemos en un contraejemplo para este argumento:

Supongamos que todo el mundo ama a los ganadores y que no soy un ganador (es decir, supongamos que ambas premisas son verdaderas). Para demostrar que este argumento es inválido debemos demostrar que aunque las premisas sean verdaderas, la conclusión igualmente puede ser falsa. En este caso la conclusión será falsa al encontrar a una persona concreta que ame a los ganadores y que también ame a un no ganador (como una madre, una hija, etc.).

Si no hay contraejemplos para un argumento en particular, entonces se trata de un argumento válido, ya que es imposible encontrar una situación en la cual las premisas del argumento sean verdaderas y la conclusión sea falsa.

Por lo tanto, el importante vínculo entre los conceptos de validez y contraejemplos es:

"Un argumento es válido si y sólo si no hay contraejemplos para el argumento".

Contraejemplos para argumentos no deductivos

¿Podemos usar un contraejemplo para demostrar que un argumento no deductivo es débil? Se puede usar, pero sólo si el contraejemplo en sí mismo representa una manera probable en que las cosas podrían ocurrir según el argumento.

Dado que un argumento no deductivo reconoce que la conclusión puede ser falsa cuando las premisas son ciertas, aunque sólo en circunstancias excepcionales, es necesario encontrar un contraejemplo que no sea tan excepcional. Es decir, es necesario encontrar una situación razonable y probable en la que las premisas sean todas verdaderas y la conclusión falsa.

Si lo único que puedes conseguir son contraejemplos demasiados exagerados, o no puedes proporcionar un contraejemplo, se podría concluir que el argumento es fuerte.

He aquí un ejemplo de un argumento que probablemente hayas escuchado antes:

"Fumar marihuana no es más peligroso para tu salud o para la sociedad que beber alcohol. Y beber alcohol es legal. Por lo tanto, fumar marihuana debería ser legal".

En su forma estándar el argumento se ve así:

P1: *La marihuana no es más peligrosa para tu salud o para la sociedad que beber alcohol.*

P2: *El consumo de alcohol es legal.*

P3: *[Si el consumo de marihuana y el consumo de alcohol tienen un impacto similar en la salud y en la sociedad, deberían tener el mismo estatus legal.]*

C: *Fumar marihuana debería ser legal.*

Observa que he introducido lo que considero una premisa suprimida esencial. Ahora, ¿Podemos encontrar un contraejemplo razonable?

Aquí hay uno:

La negación de la conclusión sigue siendo coherente con las premisas. Podríamos decir que el alcohol debe ser ilegal precisamente porque el impacto de beber en la sociedad es similar al impacto de fumar marihuana. Esto constituye un contraejemplo, porque es posible que las premisas sean verdaderas y la conclusión falsa, y dadas las premisas proporcionadas, ninguna de las dos situaciones parece más justificable que la otra.

Basta con un sólo contraejemplo probable y razonable para demostrar que un argumento no deductivo es débil.

Los contraejemplos también nos pueden ayudar a determinar si un argumento es deductivo o no deductivo. Si al encontrar un contraejemplo para un argumento sospechamos que el argumento no es bueno, entonces el argumento debe ser deductivo, porque en los argumentos deductivos las premisas están destinadas a dar un apoyo decisivo a la conclusión.

Por otro lado, si hallar un contraejemplo no nos inclina a

renunciar al argumento, entonces se trata de un argumento no deductivo porque los argumentos no deductivos tienen conclusiones que en el mejor de los casos, sólo están fuertemente (y no decisivamente) apoyadas por sus premisas, y dejan abierta la posibilidad de que la conclusión pueda ser falsa en algún caso poco probable.

Si los únicos contraejemplos que puedes encontrar son historias exageradas, entonces puede ser una indicación de que el argumento es fuerte. Por ejemplo:

"Ricardo robó la caja fuerte. Las huellas dactilares de Ricardo fueron encontradas en la caja fuerte. Una enorme cantidad de dinero, que estaba en la caja fuerte, se descubrió escondido en la casa de Ricardo. Ricardo fue visto por varios testigos cerca de la escena del robo momentos antes de que ocurriera. Por lo tanto, Ricardo robó el dinero de la caja fuerte."

Ahora, podemos encontrar contraejemplos para el argumento:

"Ricardo no robó la caja fuerte. Lo hizo Carlos, pero se disfrazó perfectamente de Ricardo y tenía una copia de las huellas dactilares de Ricardo que puso en la caja fuerte y escondió parte del dinero en la casa de Ricardo".

"Los alienígenas robaron el dinero abriéndola con rayos laser y dejaron las huellas dactilares de Ricardo en la caja fuerte".

"La caja fuerte nunca fue robada. Todo fue inventado por el banco para evitar que Ricardo se cambie de banco, ya que no soportan perder un cliente".

Por lo tanto, es fácil encontrar contraejemplos, pero es mucho más difícil encontrar contraejemplos razonables y probables. Esto es una indicación de que el argumento fuerte.

Ejercita tu cerebro

Ejercita tu habilidad de encontrar contraejemplos. Elige un argumento de la siguiente lista y proporciona un contraejemplo. Si el argumento es no deductivo, asegúrate de que tu contraejemplo es razonable y probable. El argumento 4 es más desafiante, pero el principio es el mismo: Demostrar que es posible que las premisas sean verdaderas y que la conclusión sea falsa.

1. Si quieres un iPhone, tendrás que conseguir un trabajo. Pero no quieres un iPhone, así que probablemente tampoco quieres un trabajo.
2. Si me quieres, entonces me comprarás un anillo de diamantes. Sé que me amas, por lo tanto me comprarás el anillo.
3. Sólo el 54 % de los votantes votaron en el referéndum sobre la derogación de la llamada legislación anti colusión. Esto probablemente significa que casi la mitad de los miembros de la población votante elegible está satisfecha con la ley existente o no se preocupa por el asunto.
4. El año pasado, un hombre armado en una casa mató a un policía, hirió a otros dos y continuó disparando contra la policía, y se apertrechó en la casa durante dos días. Posteriormente, la policía admitió que probablemente había muchas personas que tenían armas sin licencia y que era difícil hacer un seguimiento del número de personas que poseían armas ilegalmente. Por lo tanto, se hizo un llamado para que se efectúen controles más efectivos a los dueños de armas. Sin embargo, esto es ridículo, porque muchas de las armas usadas por el pistolero no eran de él; sino que eran robadas.

ARGUMENTOS SÓLIDOS Y CONVINCENTES

Hasta ahora hemos hablado del tipo de apoyo que se puede dar para las conclusiones: apoyo deductivo y no deductivo.

Definimos un argumento como válido si se trata de un argumento deductivo para el que las premisas logran proporcionar un apoyo decisivo a la conclusión. También definimos un argumento como fuerte si se trata de un argumento no deductivo en el que las premisas logran proporcionar un fuerte apoyo a la conclusión. Por lo tanto, si las premisas son verdaderas, entonces la conclusión también debería ser verdadera.

Pero aún no hemos dicho nada acerca de si las premisas son realmente verdaderas o no, y esto es lo que debemos hacer cuando evaluamos si los argumentos son sólidos o convincentes.

La validez y la fuerza de los argumentos no nos dicen por sí solas si los argumentos son buenos. En realidad ya hemos visto varios argumentos basura que son válidos, y es por eso que necesitamos introducir otros dos conceptos. Eso es lo que veremos a continuación.

Argumentos solidos

Un argumento es sólido cuando:

- Es deductivo (intenta establecer un apoyo decisivo para su conclusión).
- Es válido (si las premisas son verdaderas se garantiza que la conclusión también es verdadera).
- Y las premisas siempre serán verdaderas.

Por lo tanto, un argumento sólido garantiza que su conclusión siempre será verdadera.

Por supuesto, los argumentos sólidos son muy raros porque son muy difíciles de establecer, pero veamos un ejemplo:

"*Porbandar es una ciudad de la India. Mahatma Gandhi nació en Porbandar. Por lo tanto, Mahatma Gandhi nació en India*".

Este es un argumento válido. ¿Puedes analizar por qué?

Además, las premisas son verdaderas: Porbandar es una ciudad de la India y Mahatma Gandhi nació en Porbandar. Por lo tanto, puedes estar absolutamente seguro de que Mahatma Gandhi nació en India. No hay manera de evitarlo.

Argumentos convincentes

Ahora bien, ¿Qué pasa con los argumentos no deductivos? Para los argumentos no deductivos introducimos la noción de un argumento convincente.

Un argumento es convincente cuando:

- Es no deductivo (las premisas pretenden establecer un soporte probable, pero no decisivo para la conclusión).
- Es fuerte (las premisas, si son verdaderas,

tendrán éxito en proveer un apoyo probable para la conclusión).
- Y las premisas son siempre verdaderas.

Por lo tanto, en un argumento convincente la conclusión realmente recibe apoyo probable. Por ejemplo:
"Tom Cruise nació en el continente de América del Norte y no nació en México. Es muy probable que Tom Cruise naciera en Estados Unidos".

Ese es un argumento convincente. Si todo lo que sabes sobre Tom Cruise es lo que dicen las premisas, y esas premisas son ciertas, entonces es un argumento bastante fuerte, ya que la otra posibilidad es que haya nacido en Canadá, pero la población de los EE.UU. supera los 320 millones de personas, mientras que la de Canadá es menor a los 36 millones de personas. Esto significa que las probabilidades de que Tom Cruise haya nacido en los EE.UU. es aproximadamente del 89%, lo que hace que el apoyo a la conclusión sea bastante fuerte. Además, las premisas son verdaderas, por lo tanto, el argumento es convincente, y de esta forma es un buen argumento.

A continuación estructuraremos lo que hemos aprendido en un proceso de 4 pasos para evaluar fácilmente cualquier tipo de argumentos y luego veremos algunos ejemplos con desarrollo.

Proceso de 4 pasos para evaluar cualquier argumento

Ahora tenemos todas las herramientas para poder decir cuándo los argumentos son buenos o malos, y como habrás visto es bastante simple, aunque la cantidad de conceptos que utilizamos puede ser un poco abrumadora. Es por eso que estructuraremos lo que hemos aprendido en un proceso de 4 pasos para evaluar cualquier argumento.

El proceso se representa en el siguiente esquema, y el flujo dependerá de si se trata de un argumento deductivo o no deductivo.

Ahora avancemos por el diagrama para ver en qué consiste cada etapa:

Paso 1:

Siempre el primer paso consistirá en identificar la conclusión, las premisas, y poner el argumento en su forma estándar.

Paso 2:

Una vez que ya tienes el argumento en su forma estándar, debes recordar que un argumento deductivo es aquel que ofrece un apoyo decisivo a su conclusión. Un argumento no deductivo es aquel que ofrece un apoyo probable a su conclusión, pero no decisivo.

Consejo: Si tienes dudas sobre el tipo de argumento, la regla general es tratar los argumentos como si fueran no deductivos, a menos que la intención sea claramente deductiva.

Supongamos que estás enfrentando un argumento deductivo:

Paso 3 (caso de un argumento deductivo):

Tu primera tarea será evaluar si el argumento tiene sentido lógicamente. Es decir, quieres saber si el argumento es válido o inválido. Si el argumento es inválido, entonces se trata de un mal argumento, es decir, se trata de un argumento que no brinda un apoyo decisivo a su conclusión. Fin del juego. El argumento es malo y ya está.

La mejor manera de demostrar que un argumento es inválido es proporcionando un contraejemplo, es decir, una situación en la cual las premisas son verdaderas y la conclusión es falsa.

Si el argumento es válido, debes continuar con el siguiente paso.

Paso 4 (caso de un argumento deductivo):
Si el argumento es válido, entonces hay dos casos:

- Si el argumento tiene premisas falsas, entonces se trata de un mal argumento. Fin del juego, el argumento es malo. Por ejemplo: *"Si hay un elefante púrpura en el pasillo, entonces yo soy un pavo gigante. Hay un elefante púrpura en el pasillo, por lo tanto, soy un pavo gigante"*. Este es un argumento lógicamente válido, pero sus premisas son falsas.
- Si todas las premisas del argumento son verdaderas, entonces el argumento es sólido y, por lo tanto, es un buen argumento. Por ejemplo: *"Karla es hija de Diego, y Diego es el padre de Paola. Por lo tanto, Karla es la hermana de Paola"*.

Como hemos discutido anteriormente, algunas de las premisas pueden estar respaldadas por sub-argumentos. Si ese es el caso, necesitarás suspender la evaluación del argumento principal y evaluar cada sub-argumento individualmente. Supongamos que tienes un sub-argumento para una premisa y se concluye que este sub-argumento es malo.

Entonces esa premisa ha perdido su apoyo y el argumento se derrumba. Fin del juego. El argumento es malo.

Pero si todas las premisas son verdaderas o están respaldadas por buenos sub-argumentos, entonces tienes un argumento sólido y puedes concluir que es bueno.

Veamos ahora cómo es el proceso si determinaste que estas enfrentando un argumento no deductivo:

Paso 3 (caso de un argumento no deductivo):

En este caso el argumento puede ser fuerte o débil. Cuando el argumento es débil, entonces el argumento es malo y podemos decir que las premisas en conjunto no proporcionan apoyo lógico a la conclusión. Por ejemplo: *"Tengo una sensación muy fuerte de que mi boleto de lotería es el boleto ganador, así que estoy bastante seguro de que esta noche ganaré mucho dinero".*

Los argumentos no deductivos pueden ser difíciles de analizar. Lo que hace que un argumento sea fuerte depende del contexto de evaluación. Si estás en un tribunal de justicia, quieres que los argumentos sean muy fuertes, pero si estás en una fiesta con amigos, es posible que desees ser más flexible en tus normas.

Para demostrar que un argumento es débil necesitas dar un contraejemplo, pero no cualquier contraejemplo funcionará. Necesitas encontrar un escenario creíble y probable en el que las premisas sean verdaderas y la conclusión falsa. Si no puedes hacer eso, entonces el argumento es fuerte y debes pasar a inspeccionar la veracidad de las premisas.

Paso 4 (caso de un argumento no deductivo):

Si el argumento es fuerte, entonces hay dos casos:

- Si el argumento tiene premisas falsas, entonces el argumento no es convincente. Fin del juego. El argumento es malo. Por ejemplo: *"Si fumas*

marihuana, incluso sólo una vez en tu vida, es muy probable que comiences a usar heroína".
- Si todas las premisas del argumento son verdaderas o están respaldadas por buenos subargumentos, entonces el argumento es convincente y, por lo tanto, es un buen argumento. Por ejemplo: *"Cerca del 97% del 97% de las secretarias sufrirán de tendinitis en algún momento de su vida. Mi hermana es secretaria. Por lo tanto, probablemente mi hermana sufrirá de tendinitis en algún momento de su vida."*

Como podrás haber notado, cualquier argumento que tenga premisas falsas es un mal argumento.

Y eso es todo. El proceso es tan simple como esto y requiere un poco de esfuerzo consciente al principio, pero si lo practicas lo suficiente formará parte de tu forma natural de pensar. Esta es la manera en que un buen pensador crítico evalúa los argumentos y evita auto engañarse o ser manipulado por otros.

Ahora veamos algunos ejemplos.

Ejemplo 1

"Si fueras un conductor confiado y nunca has estado en un accidente, conducir a exceso de velocidad no será peligroso para ti o para otros. Eres un conductor confiado y nunca has estado en un accidente, así que, sin duda, conducir a exceso de velocidad no es peligroso para ti o para otros".

¿Cuál es la conclusión?

Conducir por encima del límite de velocidad no es peligroso para ti o para otros.

¿El argumento es deductivo o no deductivo?

Deductivo, y queda evidenciado por el uso de las palabras *"sin duda"*.

¿Es un argumento válido?

Sí, el argumento es válido, ya que es imposible que las premisas sean verdaderas y la conclusión falsa.

¿Es un argumento sólido?

Ahora estamos preguntando si las premisas son verdaderas. En este caso la primera premisa es falsa. No es cierto que si eres un conductor confiado y nunca has estado en un accidente, conducir por encima del límite de velocidad no será peligroso para ti o para otros. Es bien sabido que el exceso de velocidad es una de las principales causas de accidentes, sin importar las habilidades y la confianza del conductor. De hecho, hay otros conductores que nunca han estado en un accidente, y que podrían reaccionar de manera peligrosa ante la presencia de un conductor a exceso de velocidad.

Por lo tanto, el argumento no es sólido. A pesar de que el argumento es válido, tiene una premisa falsa, por lo que es un mal argumento.

Ejemplo 2

"Dejamos a nuestro loro en la casa esta mañana. El vecino más cercano vive a un kilómetro de distancia. Cuando regresamos a casa del trabajo, el loro ya no estaba. Es muy probable que nuestro vecino lo robara".

¿Cuál es la conclusión?

Nuestro vecino robó el loro.

¿El argumento es deductivo o no deductivo?

No deductivo, como lo indican las palabras "es muy probable". Tampoco parece que el argumento esté dando razones que garanticen que la conclusión sea verdadera.

¿El argumento es fuerte?

No realmente. Es un poco rápido acusar a tu vecino de robar el loro únicamente con esa información. Piensa en otras cosas que también podrían haber ocurrido... tal vez el loro simplemente se voló por la ventana.

Así que el argumento es débil, y por lo tanto, un mal argumento.

Ejemplo 3:
Este es un ejemplo algo más complicado.

"Ha habido un levantamiento revolucionario popular en Túnez, que es una nación árabe del norte de África. Ha habido un levantamiento revolucionario popular en Libia, también una nación árabe del norte de África. Ha habido un levantamiento popular en Egipto, otra nación árabe del norte de África. Ha habido un levantamiento revolucionario popular en Bahrein, otra nación árabe del norte de África. Finalmente, ha habido un levantamiento revolucionario popular en Irán, que es una nación árabe. Por lo tanto, habrá un levantamiento revolucionario popular en al menos otro país árabe en los próximos años".

¿Cuál es la conclusión?

Habrá un levantamiento revolucionario popular en al menos otro país árabe en los próximos años.

¿Es un argumento deductivo o no deductivo?

No hay palabras en este argumento que nos sirvan de indicadores para tomar una decisión. Si consideramos que el argumento es deductivo, sería muy fácil demostrar que es inválido. Sin embargo, las premisas no parecen estar destinadas a demostrar decisivamente que habrá un levantamiento revolucionario popular en al menos otro país árabe en los próximos años, sino más bien a sugerir que es muy probable que suceda. Por lo tanto, trataremos el argumento como no deductivo.

¿Es un argumento fuerte?

Si todas las premisas son verdaderas, dado el número de países árabes que hay, diremos que el argumento es razonablemente fuerte. Si todas las premisas son verdaderas, entonces proveen evidencia de que hay cierta inestabilidad política que se está propagando en esa región del mundo, y esto hace muy probable que la propagación no se detenga. Puede que no estés de acuerdo conmigo, pero por el bien del ejercicio, acepta por ahora que el argumento es (razonablemente) fuerte.

¿El argumento es convincente?

Es decir, ¿Son todas las premisas verdaderas? La respuesta es "no", porque Irán no es una nación árabe y Bahrein no es una nación árabe de África del Norte. Por lo tanto, al menos dos premisas del argumento son falsas. Esto quiere decir que el argumento no es convincente, y por lo tanto, es malo.

¿Significa eso que la conclusión del argumento es falsa?

Todo lo que podemos concluir es que las razones expuestas en este argumento no dan motivos para creer en la conclusión. Puede ser que otro argumento con la misma conclusión, pero con mejores premisas sea bueno. Y sin importar si hay o no un buen argumento para la conclusión, todavía puede ser que haya un levantamiento revolucionario popular en al menos otro país árabe en los próximos años. Todo lo que podemos concluir es que las razones dadas en este argumento no son suficientes para convencerte de creer en la conclusión.

Ten en cuenta que si no estabas de acuerdo en que el argumento era fuerte, entonces pensaste que era débil, y un argumento débil es un mal argumento. Por lo tanto, el argumento sería igualmente malo, pero tendríamos diferentes razones para pensarlo.

RESUMEN

Entonces, ¿qué hemos aprendido hasta ahora?

Ahora tienes todas las herramientas necesarias para evaluar los argumentos, lo que te hace parte de la élite de los pensadores críticos. Lo que has aprendido puede ser evaluado por tu capacidad de responder a las siguientes preguntas cuando regreses al mundo real y te encuentres con algún mensaje escrito o hablado.

- ¿Qué declaraciones contiene este mensaje?
- Si es un argumento, ¿Cuál es la conclusión? ¿Y qué premisas se suministran?
- Si es un argumento, ¿Tiene premisas suprimidas? Si es así, ¿Cuáles son?
- ¿Cómo se ve el argumento en su forma estándar?
- ¿Es un argumento deductivo o no deductivo?
- Si es deductivo, ¿Es válido? Si no es deductivo, ¿Qué tan fuerte es?
- ¿Puedes pensar en un contraejemplo (razonable)?
- ¿Las premisas son verdaderas?

- Entonces, ¿Es un buen o un mal argumento?

Si quisieras seguir estudiando y profundizando en la evaluación de argumentos, en este momento podrías tomar dos caminos: Estudiar lógica deductiva o estudiar lógica no deductiva.

La lógica deductiva es un campo de estudios matemáticos que analiza los detalles arenosos de los argumentos y se centran en su forma. Las personas especializadas en lógica son profesionales en evaluar la validez de los argumentos. Has aprendido cómo demostrar que los argumentos no son válidos (proporcionando un contraejemplo), pero ¿Cómo demuestras con absoluta certeza que los argumentos son válidos? ¿Cómo puedes asegurarte de que no hay contraejemplos? Bueno, ese es el tipo de preguntas que los lógicos intentan contestar.

En la lógica no deductiva son los estadísticos y los expertos en probabilidades quienes lideran el campo. Los argumentos no deductivos sólo pretenden dar soporte probable para su conclusión y las probabilidades son el tipo de matemáticas que se utilizan.

Sin embargo, no es necesario que te conviertas en un experto en estos campos para aplicar las habilidades que ya has aprendido. Tendrás muchas posibilidades de aplicar tus nuevas habilidades cuando las encuentres en la vida cotidiana y si lo haces a consciencia, pertenecerás al pequeño y exclusivo grupo de pensadores críticos.

En el siguiente capítulo veremos cómo aplicar el pensamiento crítico de la ciencia a tu vida diaria.

EJERCICIOS

Encontrarás las respuestas a estos ejercicios al final del libro.

4.5 Considera el siguiente argumento:
"*El futbol es el deporte nacional de Brasil. El deporte nacional de Brasil es también el deporte nacional de Italia. Por lo tanto, el futbol es el deporte nacional de Italia*".

El argumento es...

1. Deductivo y válido
2. Deductivo e inválido
3. No deductivo y fuerte
4. No deductivo y débil

4.6 Considera el siguiente argumento:
"*El futbol es el deporte nacional de Brasil. El deporte nacional de Brasil es también el deporte nacional en la luna. Por lo tanto, el futbol es el deporte nacional en la luna*".

El argumento es...

1. Deductivo y válido

2. Deductivo e inválido
3. No deductivo y fuerte
4. No deductivo y débil

4.7 Considera el siguiente argumento:
"La mayoría de los brasileños aman su juego nacional: el futbol. Carol es brasileña, así que es muy probable que le guste el futbol".
El argumento es...

1. Deductivo y válido
2. Deductivo e inválido
3. No deductivo y fuerte
4. No deductivo y débil

4.8 Considera el siguiente argumento:
"Cada vez que he pulsado el interruptor de luz, la luz se ha encendido. Estoy presionando el interruptor de luz ahora. ¿Te sorprendería si la luz no se enciende ahora?"
El argumento es...

1. Deductivo y válido
2. Deductivo e inválido
3. No deductivo y fuerte
4. No deductivo y débil

4.9 Considera el siguiente argumento:
"La cara de la esfinge en la meseta de Giza no se parece a ningún retrato de los faraones egipcios. Debido a esto y a la falta de verdaderas inscripciones en la Gran Pirámide, podemos decir con seguridad que los extraterrestres construyeron las pirámides".
El argumento es...

1. Deductivo y válido
2. Deductivo e inválido
3. No deductivo y fuerte
4. No deductivo y débil

4.10 Considera el siguiente argumento:

"*El salario del personal no ejecutivo de la compañía debería aumentarse de $28,000 a $45,000 por año. No han tenido aumento salarial desde 1995, y de todos modos se necesitan salarios más altos para atraer a personas del calibre adecuado*".

El argumento es...

1. Deductivo y válido
2. Deductivo e inválido
3. No deductivo y fuerte
4. No deductivo y débil

4.11 Considera el siguiente argumento:

"*Si Jack es un gato, entonces necesariamente tiene un cerebro. Jack no es un gato. Por lo tanto, Jack no tiene cerebro*".

El argumento es...

1. Deductivo y válido
2. Deductivo e inválido
3. No deductivo y fuerte
4. No deductivo y débil

4.12 Considera el siguiente argumento:

"*La raza humana ha conseguido poner a personas en la Luna y dividir el átomo. Por lo tanto, es bastante razonable pensar que también deberíamos ser capaces de redistribuir los suministros de alimentos del mundo para que los pobres también tengan abundancia*".

El argumento es...

1. Deductivo y válido
2. Deductivo e inválido
3. No deductivo y fuerte
4. No deductivo y débil

5
CÓMO PENSAR COMO UN CIENTÍFICO

Lo que has aprendido hasta ahora son herramientas del pensamiento crítico aplicadas a la vida cotidiana y a la evaluación de argumentos. En este capítulo daremos un paso más y aprenderemos cómo la ciencia utiliza el pensamiento crítico y como puedes adoptar estas técnicas en tu vida diaria. Puedes pensar que no eres una persona de ciencia, pero te recomiendo que leas este capítulo, porque te aseguro que no tiene pérdida.

En este capítulo mi objetivo es ayudarte a:

- Describir el método científico.
- Distinguir entre verificación y refutación.
- Explicar la inferencia.
- Distinguir entre la ciencia y la pseudociencia.

Entonces, ¿Cómo funciona el pensamiento crítico en la ciencia? Veámoslo con un ejemplo.: Comenzaremos con una observación y una pregunta muy famosa que seguro reconocerás. En algún momento los científicos observaron que había:

1. Huesos de dinosaurios fosilizados en los estratos rocosos solo hasta finales del período cretácico, pero no después de ese periodo.
2. Muchos otros tipos de fósiles terrestres y marinos que sólo están presentes hasta el final del período cretácico.
3. Altos niveles de iridio en los estratos rocosos en el límite de los periodos cretácico y terciario.

¿Qué ocurrió al final del período cretácico para explicar estas observaciones?

A continuación desarrollaremos un par de hipótesis para intentar explicar estas observaciones:

1. Hace 65 millones de años (final del periodo cretácico) explotó una estrella, una supernova, la que provocó un cambio en las condiciones de la tierra creando un ambiente no apto para la vida de varios tipos de organismos que hasta ese momento habían prosperado.
2. Hace 65 millones de años un asteroide chocó con la tierra y tuvo aproximadamente el mismo efecto descrito en la hipótesis A.

Las supernovas desprenden elementos pesados como el iridio, y los asteroides contienen niveles de iridio más altos que los presentes en la corteza terrestre, por lo que las hipótesis A y B pueden explicar los altos niveles de iridio.

Entonces ¿Cómo elegimos entre estas hipótesis? En este momento necesitamos algún tipo de prueba que nos ayude a descartar una (o ambas) hipótesis. Pero ¿Hay alguna prueba que podamos usar? La respuesta es SI.

- La hipótesis A, la teoría de la supernova, no sólo predice altos niveles de iridio, sino también una cantidad masiva de plutonio 244 en los estratos pertinentes, porque las supernovas desprenden plutonio 244 así como iridio.
- La hipótesis B, la teoría del asteroide, predice que no habrá plutonio 244.

¿Y qué observaron los científicos?

En las observaciones de los científicos no se encontró plutonio 244 en los estratos terrestres pertinentes.

Por lo tanto, la hipótesis del asteroide supera a la hipótesis de la supernova. ¿Estás de acuerdo?

Muy bien, pero no tan rápido... Sabemos que han caído muchos asteroides en la tierra y que no han producido extinciones masivas. Esto plantea una nueva pregunta. ¿Cómo podría la caída de un asteroide en particular causar una extinción masiva? He aquí una hipótesis:

- El impacto del asteroide hace 65 millones de años fue de tal magnitud que podría haber arrojado una enorme cantidad de polvo, oscurecido el cielo y causado un cambio climático dramático.

Para respaldar esta segunda hipótesis del asteroide esperaríamos encontrar un gran cráter en alguna parte... Y el golfo de México parece ser un buen candidato.

También esperaríamos encontrar varios elementos en los estratos rocosos en el límite entre los periodos cretácico y terciario, tales como escombros del tsunami, roca fundida y partículas del sitio de impacto.

Ahora suspenderemos por un momento el análisis de la

extinción de los dinosaurios, ya que lo que espero haber logrado con este ejemplo es haberte mostrado cómo funciona el método científico. El método científico consiste en una serie de pasos:

1. Identificar un problema o plantear una pregunta.
2. Diseñar una hipótesis para explicar el evento o la observación o el fenómeno.
3. Determinar una prueba para la hipótesis.
4. Realizar la prueba.
5. Aceptar o rechazar la hipótesis.

Esto parece correcto, pero hay que tener cuidado con el último paso de aceptar o rechazar la hipótesis. ¿Por qué? Bueno, porque la lógica nos dice que las pruebas pueden llevarnos a rechazar las hipótesis, pero no pueden concluir "decisivamente" que son verdaderas. Veremos más detalles de esto a continuación.

VERIFICACIÓN Y REFUTACIÓN

Retomemos el ejemplo de la extinción de los dinosaurios. Nuestras pruebas demostraron que si la hipótesis del asteroide fuera verdadera, explicaría nuestras observaciones:

- Huesos de dinosaurios fosilizados en los estratos rocosos solo hasta el final del período cretáceo, pero no después.
- Ausencia de muchos otros tipos de fósiles terrestres y marinos después del final del período cretáceo.
- Altos niveles de iridio en los estratos rocosos en el límite entre el cretácico y el terciario.

Si la hipótesis hubiera fallado en alguna de esas pruebas, sabríamos que era falsa. Sin embargo, no podemos decir definitivamente que sea verdadera sólo porque aprobó. Las pruebas demuestran que si la hipótesis fuera verdadera explicaría las observaciones, pero no demuestran que esas observaciones son explicadas solamente por la hipótesis del asteroide. Esa es la distinción entre la verificación (mostrar algo que es verdad) y la refutación (mostrar que algo es falso). Es por eso que tenemos que evitar la falacia de afirmar el consecuente y por lo que tenemos que permanecer abiertos a otras posibilidades.

Veamos la lógica de esto:

Supongamos que sabemos que si una hipótesis H es correcta, entonces ocurrirá la consecuencia C en nuestra prueba.

Si ejecutamos la prueba y la consecuencia C no ocurre, tenemos razones para rechazar la hipótesis. En lógica se escribiría así: "Si H, entonces C, no C, por lo tanto no H". Sin embargo, si ejecutamos la prueba y la consecuencia C ocurre, no podemos estar absolutamente seguros de que la hipótesis H es correcta. Es decir, "Si H, entonces C, C, por lo tanto H" no es válido, ya que estaríamos cometiendo la falacia de afirmar el consecuente. ¿La recuerdas? Si no es así, te recomiendo que la vuelvas a revisar.

Para enfatizar el hecho de que la verificación de una hipótesis no demuestra decisivamente que sea verdad, te comento que según un nuevo estudio expuesto en la Unión Geofísica Americana, sería la actividad volcánica en lo que hoy es la India, y no un asteroide, lo que puede haber extinguido a los dinosaurios. Esta actividad volcánica pudo haber arrojado niveles venenosos de azufre y dióxido de carbono a la atmósfera causando la extinción masiva a través de la acidificación y el calentamiento global.

TEORÍAS

Es importante que nos tomemos unos minutos para profundizar en un término clave en el pensamiento crítico y que con frecuencia se utiliza erróneamente. En el lenguaje cotidiano el término *"teoría"* se utiliza con desdén. Cuando alguien dice que una explicación es *"sólo una teoría"* probablemente quiera decir que algo no se ha probado, es provisional o que tal vez no tiene evidencia.

Por el contrario, en la ciencia la palabra *"teoría"* es un término técnico usado para describir un relato integral de algún aspecto de la naturaleza, apoyado por una gran cantidad de evidencia convergente, basada en observaciones y pruebas repetidas, integrando y generalizando hipótesis y haciendo predicciones consistentemente precisas.

Cuando algunas personas rechazan la teoría de la evolución porque es *"sólo una teoría"*, están utilizando el término *"teoría"* de forma equivocada. Los científicos utilizan el término *"teoría"* para describir la visión científica de procesos como la mutación, la selección natural y la derivación genética que produce cambios en el grupo genético de una población de generación en generación. Las observaciones (ahora tenemos muchas más de las que tenía el autor de la teoría, Charles Darwin) repetidamente han permitido a los científicos predecir con exactitud que encontrarían fósiles intermedios entre los peces y los animales terrestres en sedimentos de hace 375 millones de años.

Las teorías permiten a los científicos moverse más allá de las observaciones e hipótesis particulares, y hacer predicciones más amplias sobre eventos naturales o fenómenos que aún no se han observado. Por ejemplo, la teoría de la gravitación de Newton permitió a los científicos predecir la existencia del planeta Neptuno basado en observaciones de los movimientos de Urano que no podían ser explicadas únicamente por los planetas conocidos.

Tampoco cometas el error de pensar que las teorías no pueden ser cambiadas. Por el contrario. Los científicos, como pensadores críticos al igual que tú, deben permanecer abiertos a la posibilidad de que sus hipótesis puedan ser refutadas por un experimento o una observación, por lo que deben estar abiertos a la posibilidad de que las teorías resulten equivocadas, ya sea en los detalles o de manera más general.

En los siglos XVI y XVII, por ejemplo, la teoría Ptolemaica que consideraba que la Tierra estaba el centro del universo fue reemplazada por las teorías heliocéntricas de Copérnico, Galileo y Kepler, y en el siglo XIX la teoría que consideraba que enfermedades como el cólera y la peste negra eran causadas por el "mal aire" (la teoría del Miasma) fue reemplazada por la teoría del germen (la teoría de que algunas enfermedades son causadas por microorganismos).

Las teorías Ptolemaica y del Miasma también estaban apoyadas por observaciones y tenían cierto poder explicativo, pero ambas fueron alcanzadas por avances tecnológicos como la invención de los telescopios y de los microscopios, que causaron que las observaciones fueran más exactas, por lo que se desarrollaron nuevas teorías que explicaban esta gama más amplia de observaciones.

CIENCIA Y PSEUDOCIENCIA

El razonamiento científico está diseñado para generar creencias confiables sobre el funcionamiento del mundo, sin embargo, no todos los razonamientos que aparentan ser científicos lo son. Algunos razonamientos se hacen pasar por científicos, con la esperanza de ganar la credibilidad del razonamiento científico, pero sin aceptar los rigores y la implicación del método científico. Cuando el razonamiento no científico se disfraza de ciencia para hacer que sus afirmaciones parezcan más robustas, lo llamamos pseudociencia.

Una característica típica en que la pseudociencia difiere de la ciencia genuina es que el método científico requiere que se busquen formas de refutar las hipótesis. Por el contrario, la pseudociencia tiende a iniciar desde una afirmación con la cual el proponente está comprometido y busca evidencia para apoyar esa afirmación. La pseudociencia busca confirmaciones y la ciencia busca refutaciones.

Sabemos que la ciencia está comprometida con la idea de encontrar evidencia para establecer con certeza que una afirmación es falsa y que nunca podemos establecer con certeza que una afirmación es verdadera. El científico acepta que sus mejores hipótesis y teorías son siempre provisionales. Por el contrario, el pseudocientífico está convencido de que sus afirmaciones son verdaderas. Una consecuencia importante de esto es que los científicos, y los pensadores críticos en general, están comprometidos con la aceptación de la incertidumbre como una cuestión metodológica, pero a menudo tienen muy buenos motivos para confiar en sus creencias. Por el contrario, los pseudocientíficos tienden a iniciar desde un compromiso preexistente con sus puntos de vista y no quieren que se demuestre que son falsos

Observa que ninguna de estas diferencias tiene que ver con el contenido de ninguna afirmación científica o pseudocientífica en particular. La diferencia entre ciencia y pseudociencia tiene que ver con las actitudes y métodos con que se enfrenta una investigación.

No tienes que ser un científico para aplicar los métodos de pensamiento que usa la ciencia. Espero que este capítulo te haya abierto los ojos a una nueva forma de pensar que tiene por objetivo minimizar el pensamiento egocéntrico, el auto engaño y la adopción de falsas creencias.

6
CONCLUSIÓN

La mente humana, sea cual sea tu voluntad, está sujeta a un poderoso e inconsciente egocentrismo. Un obstáculo importante para desarrollar las virtudes intelectuales del pensamiento crítico es la presencia del egocentrismo. Esto es lo que Freud llamó *"mecanismos de defensa"*. Cada uno de estos mecanismos de defensa representa una manera de falsificar, distorsionar, confundir, torcer o negar la realidad.

Como vimos anteriormente, rara vez sometemos nuestra experiencia al análisis crítico y rara vez nos preguntamos cómo nuestros intereses, metas y deseos alteraron esos datos y estructuraron nuestra interpretación. Del mismo modo, rara vez consideramos la posibilidad de que nuestra interpretación y nuestra experiencia del mundo pueda ser selectiva, sesgada o engañosa.

Al analizar nuestras experiencias debemos hacernos al menos tres preguntas:

1. ¿Cuáles son los hechos crudos y cuál es la descripción más neutral de la situación?

2. ¿Qué intereses, actitudes, deseos o preocupaciones traigo a la situación?

3. ¿Cómo estoy conceptualizando o interpretando la situación a la luz de mi punto de vista y de qué otra manera podría interpretarse?

Si piensas en tu vida como un producto predeterminado de fuerzas sobre las cuales no tienes control, entonces estas renunciando a cualquier posibilidad de tomar el control sobre tu vida. Los pensadores críticos reconocen la importancia de mantener una actitud activa en la vida.

Lo que busca una persona pasiva es la confirmación de sus creencias actuales, de sus juicios actuales, de sus patrones de comportamiento actuales y no le importa si la información que usa para definir sus creencias es falsa o engañosa. Por el contrario, los pensadores críticos son aprendices de por vida y se hacen cargo de su experiencia, de su aprendizaje y de su comportamiento, piensan en sus decisiones y consideran sus opciones analizando cuidadosamente la información que reciben.

Un pensador crítico asume la responsabilidad por el funcionamiento de su mente y busca continuamente mejorar sus capacidades. Debes desarrollar una profunda comprensión de cómo funciona tu mente, y para ello cuentas con los conceptos, teorías y procesos presentados en este libro. Sin embargo, no es suficiente con leerlos. Debes internalizarlos hasta el punto de poder usarlos rutinariamente para mejorar la calidad de tu pensamiento

7
RESPUESTAS A LOS EJERCICIOS

Respuestas a los ejercicios del capítulo 4:
4.1. Respuesta:
B, D, F, G, H, I, L.

Para responder pregúntate si la frase es el tipo de cosas que se puede responder con verdadero o falso. No lo pienses demasiado. Lee la oración, di "verdadero" (o "falso"), y si no tiene sentido, entonces la oración no es una declaración. Recuerda que las preguntas y las instrucciones no son declaraciones.

4.2. Respuesta:
Alternativa A.

Este es un ejemplo de un argumento en el que la conclusión se presenta al principio.

4.3. Respuesta:

- *El primer ministro es increíblemente popular.*
- *La mayoría de los ciudadanos piensa que el Primer Ministro está haciendo un buen trabajo.*
- *No puedes discutir con la opinión pública.*

4.4. Respuesta:

-Si sufres una pérdida contra la cual estás asegurado, incluso si te lo pagan no te devolverán lo que perdiste.

-Si no sufres la pérdida contra la cual estabas asegurado, entonces tiraste el dinero a la basura.

4.5 Respuesta:

a.Deductivo y valido.

En forma estándar, el argumento se ve así:

P1: El futbol es el deporte nacional de Brasil.

P2: El deporte nacional de Brasil es también el deporte nacional de Italia.

C: El futbol es el deporte nacional de Italia.

El argumento es deductivo porque las premisas no dejan lugar a errores en la conclusión. También se trata de un argumento válido, porque si asumes que el futbol es el deporte nacional de Brasil y que el deporte nacional de Brasil es también el deporte nacional Italia, entonces el deporte nacional de Italia debe ser también el futbol (si no fuera así, el futbol tampoco podría ser el deporte nacional de Brasil).

4.6 Respuesta:

a.Deductivo y valido.

Es lo mismo que la pregunta anterior. Lo que este ejemplo ilustra es que a la lógica no le importa el contenido de un argumento, sólo le importa que las premisas proporcionen suficiente apoyo para la conclusión.

4.7 Respuesta:

c. No deductivo y fuerte

Aquí está el argumento en su forma estándar:

P1: La mayoría de los brasileños aman su juego nacional: el futbol.

P2: Carol es brasileña.

C: Es muy probable que le guste el futbol.

El argumento es claramente no deductivo, tal como lo demuestra la combinación de las frases "la mayoría de los brasileños" y "es muy probable que". Las premisas no pretenden proporcionar un apoyo decisivo a la conclusión.

Y el argumento es fuerte. Si todo lo que sabes es que a la mayoría de los brasileños aman el futbol y que Carol es brasileña, entonces es muy probable que Carol se encuentre entre la mayoría de los brasileños que aman el futbol. Así que estaría justificado concluir que Carol ama el futbol. Nos podemos equivocar, pero dada la información en las premisas, parece una apuesta segura.

4.8 Respuesta:

c. No deductivo y fuerte

Aquí está el argumento en su forma estándar:

P1: Cada vez que he pulsado el interruptor de luz, la luz se ha encendido.

P2: Estoy presionando el interruptor de luz ahora.

C: Probablemente la luz encenderá ahora.

Observa que reformulamos la conclusión, ya que fue expresada como una pregunta. El argumento es claramente no deductivo.

El argumento es fuerte en la medida en que la primera premisa nos dice que el interruptor de luz es confiable. Si nunca falló, entonces es razonable esperar que no falle ahora.

4.9 Respuesta:

b. Deductivo e inválido

Aquí está el argumento en su forma estándar:

P1: La cara de la esfinge en la meseta de Giza no se parece a ningún retrato de los faraones egipcios.

P2: No hay verdaderas inscripciones en la Gran Pirámide.

C: Podemos decir con seguridad que los extraterrestres

construyeron las pirámides.

Observa que tuvimos que reformular la segunda premisa. ¿Hiciste algo similar? El argumento es inválido, ya que parece injustificado concluir que los extraterrestres construyeron las pirámides sobre la evidencia proporcionada por las premisas. ¿Puedes pensar en escenarios más probables?

4.10 Respuesta:

d. No deductivo y débil

El argumento en su forma estándar:

P1: El personal no ejecutivo no ha tenido aumentos salariales desde 1995.

P2: Se necesitan salarios más altos para atraer a personas del calibre adecuado.

C: El salario del personal no ejecutivo de la compañía debería aumentarse de $28,000 a $45,000 por año.

Consideramos que el argumento es no deductivo, ya que no hay ninguna mención explícita a que el argumento debe ser deductivo, y tiene una mejor oportunidad como argumento no deductivo. El argumento es débil, como lo muestra el siguiente contraejemplo:

"Puede ser cierto que las premisas justifican un aumento salarial para los empleados no ejecutivos, pero ¿Por qué debería ser a 45,000 dólares al año? Es una cifra muy exacta, y estrictamente hablando, las premisas no dan información sobre por qué esta cifra es correcta".

El defecto en este argumento es que la conclusión es muy precisa.

Si encuentras este argumento en la vida cotidiana, tendrías que preguntarte cómo se obtuvo la cifra de $45,000. Puede haber buenas razones para elegir esa cifra, en cuyo caso el argumento podría ser fuerte, pero no están presentes en las premisas que se exponen aquí.

4.11 Respuesta:
b. Deductivo e inválido
Aquí está el argumento en su forma estándar:
P1: Si Jack es un gato, entonces necesariamente tiene un cerebro.
P2: Jack no es un gato.
C: Jack no tiene cerebro.
Esto es deductivo, como lo demuestra el uso de la palabra "necesariamente", que no deja espacio para el error. Este argumento es obviamente inválido. De hecho, un contraejemplo es que "Si Jack no es gato, entonces es una persona, por lo tanto tiene cerebro".
Este es un ejemplo de la falacia común llamada negar el antecedente que discutimos en el capítulo de falacias.

4.12 Respuesta:
d. No deductivo y débil
El argumento en su forma estándar:
P1: La raza humana ha conseguido poner a personas en la Luna y dividir el átomo.
C: Es bastante razonable pensar que también deberíamos ser capaces de redistribuir los suministros de alimentos del mundo para que los pobres también tengan abundancia.
La frase "es bastante razonable pensar que" se utiliza para indicar que la premisa sólo tiene por objeto proporcionar apoyo probable para la conclusión. Considero que la premisa no da un apoyo razonable a la conclusión debido a que es posible que la redistribución de los suministros alimentarios del mundo pueda ser más difícil que poner a alguien en la Luna o dividir el átomo. El argumento no aporta mayor información y tampoco ofrece la opinión de un experto. Por lo tanto el argumento es débil.

ACERCA DEL AUTOR

Steve Allen es un pseudónimo que comencé a utilizar cuando empecé a escribir sobre mi vida en mi blog personal a modo de terapia. Lo hice así porque quería mantener un velo de anonimato, y prefiero mantenerlo de esa manera. Quizás nos hayamos cruzado en la calle o incluso nos conozcamos personalmente, y eso me emociona enormemente. Siempre he escrito sobre las herramientas y técnicas que he utilizado personalmente para lograr el tipo de éxito que he deseado en mi propia vida y es lo que comparto en mis libros.

Me he dedicado por más de 12 años a la observación del comportamiento humano y he encontrado que de todas las cualidades que caracterizan a la persona de éxito, la más importante son sus patrones de pensamiento y su actitud. Prestigiosas instituciones como la Universidad de Harvard, la Fundación Carnegie y Stanford Research Institute han demostrado que solo un 15% de las razones por las cuales una persona triunfa en su vida personal y profesional tienen que ver con sus habilidades técnicas y sus conocimientos profesionales, mientras que el otro 85% tiene que ver con sus patrones de pensamiento, su nivel de motivación y su capacidad para ponerse en acción. Y eso es precisamente lo que enseño.

Algunos dirán que hablar de desarrollo personal es vender humo, y más aún usando un pseudónimo, pero permíteme asegurar que todo lo que comparto contigo me ha llevado de ser una persona solitaria viviendo en la casa de mis padres, a vivir en medio de la naturaleza, en un verdadero paraíso en la tierra, con la mujer de mis sueños, con una vida social agradable y con una situación financiera tal que no tengo que levantarme cada mañana a trabajar para otra persona. ¿Dejaré de hacer lo que me ha traído todas estas cosas y de ayudar a los miles de lectores que me siguen porque alguien que piensa que tiene un intelecto superior trata de mostrar lo equivocado que estoy al no usar mi nombre real? Yo creo que no.

Aclarado ese punto, quiero que sepas que llegaste a mis libros por un motivo, y es que el universo te quiere dar un empujón para despertarte a tu verdadero potencial, para liberarte y para entrar espectacularmente en tu vida. En mis trabajos comparto mis estrategias de pensamiento para que puedas comenzar a desarrollar desde ese preciso momento una actitud mental que te llevará al éxito, así que te invito a tomar asiento en primera fila como mi invitado de honor mientras te guío a través de este viaje de descubrimiento sobre tus pensamientos, tu actitud mental y el éxito.

Nos vemos pronto!

Printed in Great Britain
by Amazon